偽史と奇書が描くトンデモ日本史

原田 実・監修
Minoru Harada
オフィステイクオー・著

JIPPI Compact

実業之日本社

装丁　杉本欣右
本文デザイン＆DTP　Ｌｕｓｈ！
執筆協力　高貝誠・吉松正人・後藤久美子
編集　山崎三郎
進行　磯部祥行（実業之日本社）

【はじめに】人はなぜ荒唐無稽な「歴史」を求めるのか

本書は日本史にまつわる様々な偽書・奇書を紹介するものである。その中には、イエス・キリストは日本で死んで青森県に葬られた、源義経《よしつね》は奥州で死なずに大陸に逃れてジンギス・カンになった、徳川家康は松平元康《もとやす》とは別人で元康の影武者が入れ替わった人物だった、など聞くからに荒唐無稽な話の根拠とされたものもある。

また、現在では国民的常識となっているような「歴史」についても、典拠を遡《さかのぼ》ると偽書・奇書の類につきあたるものもある。例えば、大坂冬の陣・夏の陣で豊臣方についた真田家出身の名将といえば真田幸村だが、戦国武将・真田昌幸《まさゆき》の次男である信繁《のぶしげ》が「幸村」という名を使ったことを記す史料は一つもない。「真田幸村」という名は後世の読物に現れ、真田十勇士の活躍などとともに、定着していったものなのである。

新たな言説が加え続けられる「日本紀《にほんぎ》」

さて、日本最初の正史は七二〇年完成の『日本書紀』である。中世（鎌倉〜室町時代）の歌道書や神道書などでは、その注釈において、「日本紀」（『日本書紀』のこと）に曰く、という形で多くの説話が引用されている。ところがその中には実際の『日本書紀』には存在しない説話が含まれている。

一九八〇年代、伊藤正義氏（大阪市立大学教授・当時）と阿部泰郎氏（現名古屋大学教授）は、それらの説話の呼称として「中世日本紀」という用語を提唱し、それは間もなく中世日本文学・説話文学の研究の場で定着した。さらに、九〇年代後半頃からは歴史学の方面からも精神史の史料として「中世日本紀」が注目されるようになってきた。

平安時代の末、院政から武家政権に移行する中で天皇はしだいに権威を維持しながら実権を持たない存在となっていった。一方、『日本書紀』での王権はまさに統治者として描かれている。そのため、中世には、実際の『日本書紀』の文脈を離れ、その時代の現実に即した王権の起源説明や、逆にかつての統治者としての王権を再興するための言説が新たに生み出された。そして、その言説の証文として、改めて「日本紀」が持ち出されたというわけだ。

ここまでくれば、その新たな歴史的言説を語る者が、その典拠となりうる新たな証文を作り始めるまで、あと一歩である。

先祖伝来の由緒が綴られた職能民たちの古文書

一方、律令制などに代表される古代的秩序の空洞化は、職能集団の自立をもうながした。中世から近世にかけては、鋳物師《いもじ》や木地師《きじし》など様々な職人たちにより、その職業の由来を説明する「古文書」が作られた。それらは朝廷や幕府（鎌倉・室町・江戸）の要人によって発給されたと主張され、それぞれの職掌の利権を裏付ける内容となっていた。

もちろん、それらの「古文書」はいずれも荒唐無稽な偽文書に違いないが、当時は公事（訴訟）の場でもそれなりの効力を発揮したのである。

この種の「古文書」を持つ職能集団には、当時の社会で賤《いや》しいとされた職掌も含まれていた。彼らが朝廷なり幕府なりの貴人からお墨付きをいただいたことを説明するには、現実にはありえないような荒唐無稽な物語を付与する必要があった。

こうした中世日本の言語空間は、人がなぜ荒唐無稽な偽書・奇書を著したり受け入れたりするか、考えるうえでの手がかりになるだろう。

荒唐無稽な歴史が伝播する偽書・奇書のメカニズム

偽書・奇書が書かれる直接の動機には、金儲けのため（例えば詐欺の小道具）、利権を確保するため、自分の先祖の家系を飾るため、国威発揚を目的としたものや陰謀論などの政治的プロパガンダ、「真実（と自分が信じるもの）」を後世に伝えるため、などがある。

しかし、それらはいずれも、つまるところ、書き手にとって受け入れがたい現実もしくは公式の歴史に対して異を唱え、さらになぜその受け入れがたい状況が生じたのかを、過去に遡って説明するためである（そのため、偽書・奇書においては作成当時の新たな文物・制度が過去に投影される形で登場することが多い）。とくに、社会・文化の変わり目となるような激動期には新時代に対応するための新たな物語が求められがちとなる。

だが、荒唐無稽な歴史が広まるのも受け入れる人々があってのことである。例えば、『日本書紀』は現代人の視点からは荒唐無稽な神話や伝説を含んでいるが、れっきとした正史として国家の命で編纂《へんさん》された史書だった。ましてや偽書・奇書となると、ある程度の人数に支持されなければ、書き手が望んだ効力を発揮することも、後世に残ることもなかっただろう。

受け入れた人々にとって、その偽書・奇書の内容は、いかに信奉者以外からは荒唐無稽に見えようと、それが書かれた時代の人々、あるいはそれを受け入れた集団にとっては、公式の歴史よりもリアルだったのである。偽書・奇書を学ぶことは、それが書かれた時代のリアルの一面を知ることでもある。本書がその手助けになれば幸いである。

原田 実

◉偽史と奇書が描くトンデモ日本史［目次］◉

第一章 超古代史（古史古伝）

第二章　飛鳥時代から平安時代

第三章　鎌倉時代から戦国時代

第四章　安土桃山時代から江戸時代

第五章　まだまだある！ 社会に影響を与えた奇書

＊本書は、今日、偽書や奇書と評価されている文書を批判ないしあげつらうのではなく、「概略」と「解題」を通して、それらが成立した背景と流布された過程を解説するものです。なお、掲載した中で国立国会図書館所蔵の資料の一部は、ウェブサイト「国立国会図書館デジタルコレクション（http://dl.ndl.go.jp）」で閲覧することができます。

＊本書に掲載している文書の編纂者名や著作者名、成立年代・作成年は、今日判明しているものではなく、あくまでも成書に準じて表記しています。また、本文内で引用している文書の表記の一部は、読みやすさを考慮し、ふりがなや註記を付けるなどの手を加えています。なお、人名ないし歴史用語などで読み方が二つ以上ある場合、そのうちの一つを記しています。

第一章

超古代史（古史古伝）

宇宙の誕生、神々の降臨。そして漢字渡来以前の神代文字の存在。そんなロマンと謎に溢れる時代設定のせいか、とくに人気が高いのが超古代史だ。最初に誕生した国はどこか？　人類はどこから来たのか？『古事記』『日本書紀』のエピソードに、世相・時代に合わせた説が加えられ、新たな「歴史」として様々な形に仕上がっていく。そしてそれは、偽史が語る「リアリティー」に魅せられた人々によって、正史として伝えられていくのである。

◉竹《たけ》内《うち》文《もん》書《じょ》

編纂者 平群真鳥

成立年代 五世紀？
発見年 一八九二年

[概略] 三二〇〇億年前の天皇即位を記した「真の歴史書」

日本最古の歴史書は『古事記』、正史として公認された最古の書物は『日本書紀』。しかし、こうした、いわゆる教科書に載る日本の歴史とはまったく異なる、日本の古代を綴った書物がある。

その中でも、『記紀』（『古事記』『日本書紀』）の神話以前の時代に書かれたとされる文献は「超古代文献」または「古史古伝」と呼ばれ、漢字が伝来する前の文字とされる「神代《かみよ》文字」で書かれているものもある。

一九七〇年代、超古代史研究家の吾郷清彦《あごうきよひこ》氏は、神代文字に関する伝承を部分的に含むものを「古史」、全文が神代文字で書かれたものを「古伝」と、著作『日本超古代秘史研究原典』などで呼称した。

そんな超古代文献の中でも、飛び抜けた知名度と人気を誇るのが『竹内文書』だ。この文書では、『記紀』よりも遥か以前に起きた天地開闢《てんちかいびゃく》の様子と天皇よる治世、そして日本で修行する世界の神々の姿が描かれている。しかも、世界は二度にわたる暗黒期が到来して滅亡しており、それを再建し、神倭《かんやまと》期を開いたのが神武《じんむ》天皇となっていて、まさに別名『神代の万国史』と呼ばれるにふさわしい内容だ。

『竹内文書』の原本は八〇〇億年以上前から書き継がれたとされ、もともとは神代文字で書かれていたという。それを武人である武内宿禰《たけのうちのすくね》の孫の平群真鳥《へぐりのまとり》が、第二一代雄略《ゆうりゃく》天皇（二五代武烈《ぶれつ》天皇説もあり）の命により、漢字とカナを交えて解読が可能なように再編。子孫である富山県の赤池《あかち》大明神《だいみょうじん》竹内家が秘密裡に伝承してきたが、一八九二年に竹内家の養子で公家の御落胤《ごらくいん》という、宗教団体「天津教《あまつきょう》」開祖の竹内巨麿《きよまろ》が発見し、一九一一年に公表した。

文献のほかにも「天雲叢鏡《あめのむらくものつるぎ》」や「八咫鏡《やたのかがみ》」、古代の天皇の骨を削って造ったという「神体神骨像」、「モーゼの十戒石」など、数千点にもおよぶ神宝があったといい、これら全てを含めて『竹内文書』（文章だけの場合は『竹内文献』）と呼ばれている。

『竹内文書』の特徴は、なんといってもとてつもないスケールの大きさで、常に世界の中心は日本という設定で成り立っている。文書によると、約三二〇〇億年前に宇宙の誕生とともに天皇家の始祖が出現。二〇〇〇億年前には黄人、白人、黒人、赤人、青人の五人の皇子が生まれ、彼らが世界に降臨し人類の祖先となったという。しかも、これらを全て創った原初神・元無極體主王大御神《もとふみくらいみぬしおおかみ》の治世は、一六〇億六〇〇万年続くのである。

その内容も、非常に冒険心をかきたてられる超絶のエピソードが満載。超古代の天皇たちは、「天浮船《あめのうきふね》」と呼ばれる、まるでUFOのような乗り物で世界を巡行して各地に文明を築き、預言者モーゼやキリスト、イスラム教のマホメット、釈迦《しゃか》、古代中国の思想家・孔子などの聖人たちも、あくまでも「天皇に仕える者」であり、彼らは日本にやってきて熱心に修行を積んだとしている。

モーゼは石川県にある宝達山《ほうだつさん》で神道を学び、彼によってユダヤの秘宝は日本にもたらされたという。また、キリストは『聖書』に記された空白期間の二〇歳から三〇歳にかけて「五十鈴彦《いすずひこ》」という名で研鑽《けんさん》を積み、しかも日本で死を迎えており、ゴルゴダの丘で亡くなったのは身代わりとなった弟だったとする。このように、とにかく端から端まで世界の聖典がひっくり変えるような内容が描かれているのだ。

国立国会図書館所蔵

『竹内文書』の文献と神器を経典として天津教を興した竹内巨麿（長峰浩 編『明治奇人今義経鞍馬修行実歴談』興国会より）

『竹内文書』の熱烈な支持者たちは、文書で描かれている内容の信憑性《しんぴょうせい》を高めようと、支援活動を行った。例えば、広島県の葦嶽山《あしたけやま》を「世界で最初のピラミッド」と認定したキリスト教伝道者の酒井勝軍《かつとき》は『竹内文書』に感銘し、その世界観を積極的に喧伝し続け、社会運動家の山根キクは自著の『光は東方より』で、「青森にキリストの墓がある」という説を公表し、その存在を世に広めた。

そして、巨麿本人も『竹内文書』を「真の歴史書」と強く主張。この極端なまでの日本至上主義な世界観は、一部の極右思想を持つ軍人や国粋主義者から熱烈な支持を受けた。しかし、天照大神《あまてらすおおみかみ》の子孫である神武天皇が約二六〇〇年前に即位したという、『記紀』を重視する当時の皇国史観に逆らうような内容は許されるはずもなく、一九三〇年、巨麿は不敬罪で逮捕される。そして『竹内文書』も証拠品として押収され、鑑定されることになったが、評価は散々であった。

【解題】戦後オカルト史の根源となった超古代文献

あまりにも荒唐無稽な内容はもちろんだが、現在の地名をもじった都市名があったり、明治以降の現代語が混じっていたりなど、明らかに偽作と思われる怪しさがあったからだ。さらに、左翼思想者や自由主義者、新興宗教までも取り締まる「特別高等警察」（特高）の調べにより、巨麿の「公家の御落胤」という出自も、あくまで自称であることが判明した。

結局、一九四四年の大審院（現最高裁判所）判決で、不敬罪については無罪の判決が下ったが、『竹内文書』は返還に手まどるうちに東京大空襲で焼失してしまった。しかし『竹内文書』は戦後になっても影響力が落ちず、例えば、一九九〇年代に世間を騒がせたオウム真理教の教祖・麻原彰晃（松本智津夫）は、『竹内文書』に登場する特殊な力を持つ金属「ヒヒイロカネ」を手に入れる計画を立て、実際に信者を伴い、岩手県の五葉山《ごようざん》で採掘を行っている。『竹内文書』に即した諸説は、現在でも多くの議論を引き起こし、新たな「古代史」を次々と生み出すもととなっている。

　その真贋《しんがん》はともかく、『竹内文書』は戦後のオカルト史にとって大きな布石となったことは間違いない。しかも近年では、『正統竹内文書』と呼ばれる「もう一つの竹内文書」の存在が噂されている。ただし、こちらは「口伝」を中心とする古神道の秘儀で受け継がれ、その内容はほとんど門外不出だそうだ。

国立国会図書館所蔵

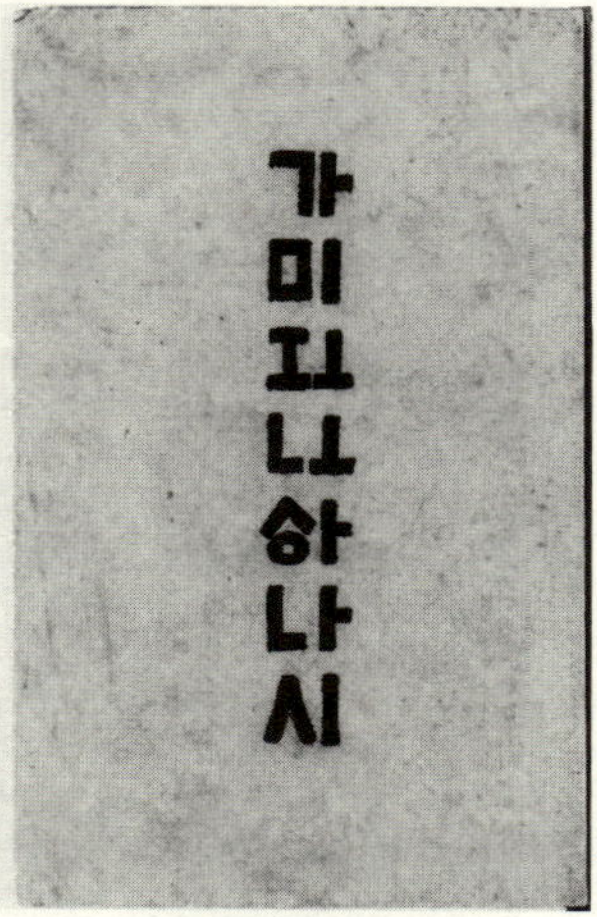

国立国会図書館所蔵

左は日本ピラミッド研究の第一人者である酒井勝軍（『今後の世界はどうなる』神秘之日本社より）。右は酒井が著した『竹内文書』の詳細な解説書『神代秘史百話』（国教宣明団）

◉富《ふ》士《じ》宮《みや》下《した》文《もん》書《じょ》

編纂者 徐福

成立年代 紀元前三世紀頃？
発見年 一九二一年

【概略】「高天原《たかまがはら》」は富士山麓にあったする神話伝説

紀元前三世紀頃、秦《しん》王朝を立て、初代皇帝となった始皇帝《しこうてい》。その始皇帝に仕え、「不老不死の妙薬が東海上の蓬莱山《ほうらいさん》にある」と吹き込んだのが道教方士の徐福《じょふく》だ。

この話を信じた始皇帝は渡海を命じ、徐福は大船八五艘と童男童女、百工（多くの技術者）を含む総勢五五八人を率いて出航する。その後、一行は日本列島にたどり着き、富士山麓周辺に定住することになる。そこで徐福は、神代文字の記録や古老の口伝によって伝えられていた日本民族の歴史を編纂し、一二の史談にまとめ、その後も徐福の子孫や関係者が歴史の記述を続け、膨大な内容に膨らんでいったという。

これら古文書は、富士山麓にあった「不二阿祖山太神宮《ふじあそやまだいじんぐう》」に保管され、大宮司の宮下家が代々守り継ぎ、『富士宮下文書』の原型となった。古文書には日本民族の原郷を古代ユーラシア大陸の中央とし、日本列島への移動から富士高天原王朝の成立、異国の侵略などを経て、神武王朝を成立させるまでの民族古代史も記されている。さらには神武王朝の各代にわたる皇統譜、源頼朝《よりとも》、北条泰時《やすとき》の直筆まで含まれるという。

【解題】全編にわたって記述される富士山崇拝

『富士宮下文書』は別名『富士文献』ともいわれ、その名が示す通り内容の最たる特徴は「富士山崇拝」だ。『日本書紀』や『古事記』に登場する、神々が住む「高天原」とは富士山麓のことで、神武天皇以前のウガヤフキアエズ朝五一代による王朝が九州に現れてからも神々の世界が存在していたというのだ。天照大神の宮やスサノオが乱行したのも、この書では舞台が富士山で、蓬莱山も富士山だと記されている。

この文書は八〇〇年の富士山噴火で原本は焼失したが副本は残り、これを宮下家が書写を続けた。ところが、その後も火事や洪水、弾圧による焚書《ふんしょ》など、何度も消滅の危機に遭い、江戸時代には一度、宮下家の天井裏に封印されている。封印が解かれたのは明治時代になってからで、一九二一年、地理学者の三輪義熈《よしひろ》がこれを研究して読み解き、『神皇記《じんのうき》』として出版したことで、一般的に知られるようになった。

この『神皇紀』は、当時新聞を中心とした各種マスコミに好意的に受け入れられた。政治家や軍人らにも注目され、この文書を科学的に検討するため、各界の知識人を集めた「財団法人富士文庫」が設立されたほどである。ところが「司令」「大本営」など近代の用語や名詞が多く登場し、古史の文献として読むには信憑性に欠け、マスコミの反応とは逆に、歴史学界では相手にされなかったという。さらに一九二三年に起きた関東大震災で関連書類の大半が焼失し、文書はそのまま「偽書」として世間から黙殺されることになる。富士文庫も報告書第一巻を刊行しただけで消滅している。

事実上の筆者の思想や願望、さらには世相の影響で、ねつ造が加えられている点が指摘されている『富士宮下文書』。実際、三輪の『神皇紀』では、文書の大きな要となる「神農《しんのう》」についての記述は削除されている。神農とは、中国神話に登場する三皇《さんこう》五帝《ごてい》の中の伝説的聖王だ。文書の中には、「日本が神国と呼ばれるのも神農が国を開いたことに由来する」と記した部分まである。しかし、これでは「皇室と中国の王朝の祖先が同じ」いう意味に繋がり、三輪は不敬罪を恐れたのか、天之御中世《あめのみなかよ》の名で暗示するに留めている。

第三章
第一圖
兖神七代高天原實景古圖

国立国会図書館所蔵

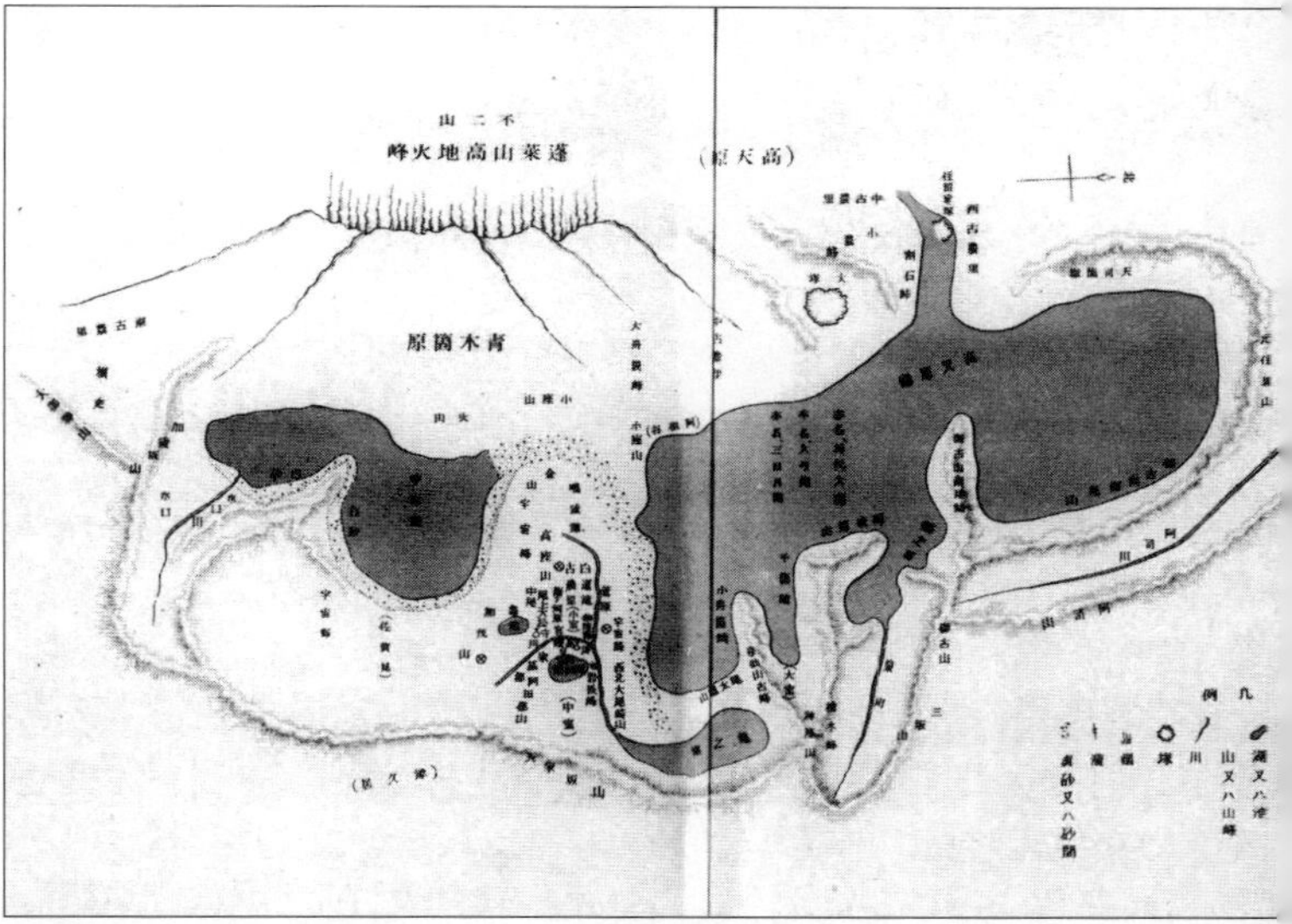

三輪義熙が『富士宮下文書』のダイジェスト版として出版した『神皇紀』（隆文館）。図版は同書に所収されている「富士高天原」の実景古図

木花咲耶《このはなのさくや》姫《びめ》が富士の火口に飛び込んで富士山の守護神となる、という印象的なエピソードについても、木花咲耶姫が富士山の神とみなされるようになったのは江戸時代初期からであり、このことからも、文書は近世以降に成立したものであるという見方が強い。

そもそも、徐福の渡来自体が史実ではなく、原本の撮影版が刊行されている唯一の古代文献でありながら、信憑性は低いと言わざるを得ないのである。

◉上記《うえつふみ》

編纂者 大友能直

成立年代 鎌倉時代？
発見年 一八三八年

【概略】『古事記』を凌駕する神代文字で記された神VS鬼の物語

「天地のはじめの時、高天原になりませる神の御名はアメノミナカヌシノ尊」

この一文で始まる『上記』だが、これは『古事記』とほぼ同じ書き出しだ。それだけでなく、大筋はほとんど『古事記』をなぞるように記されている。ただ、類似点は多いものの、ニニギノミコトが天照大神の命を受けて地上に降臨（天孫降臨《てんそんこうりん》）したや後の行動や、オオクニヌシの出雲王朝などについてはより詳しく描写されていて、『古事記』の解釈を助ける文献としても認知されているのである。

『上記』の特徴としては、使用されている文字が「豊国文字《とよくに》」という神代文字であること、暦は太陰暦ではなく太陽暦が用いられていることなどが挙げられる。そして、鬼への虐殺的な描写が多く、『古事記』には、「スサノオノミコトの暴挙に恐れた天照大神が岩戸に隠れて国中が真っ暗になり、悪神が跋扈《ばっこ》した」というエピソードがあるが、『上記』では悪神を鬼としている。それらは、赤ん坊や家畜を食べる鬼、糸を口から吐く鬼、六本足の鬼など、現在の我々が想像してもぞっとするような姿だ。『上記』には、神々がそんな鬼たちを焼殺に斬殺、さらにはだまし討ちしたり、と討伐する様子を詳細に記している。そして、討伐後に国を治める神々の姿も具体的に描き、その点は『記紀』(『古事記』『日本書紀』)とは違う面白さを与えてくれる。

さらに、『上記』で特筆すべき点は、「ウガヤフキアエズ王朝(ウガヤ王朝)」についてだろう。『記紀』において、初代天皇であるカムヤマトイワレヒコ(神武天皇)の父はウガヤフキアエズだが、『上記』ではウガヤフキアエズと神武天皇の間にも多くの王が存在し、王朝を築いていたことになっている。このウガヤ王朝は、ウガヤフキアエズから七三代続き、大和に遷都した最後の王が神武天皇となる。

[解題] 政府の行政機関も関与していた太古文献

『上記』は一八三八年、大分県の民間学者・幸松葉枝尺《さきまつはえさか》に発見され、明治時代に広まった。編集したとされているのは、源頼朝の庶子ともいわれている豊後国《ぶんごのくに》(現大分県）の国守《こくしゅ》・大友能直《よしなお》。平安時代末期に始まった源平動乱後の世を案じ、神代からの日本の歴史や文化が廃れないようにと、全国から関係古文書を集めて編纂したという。

そんな『上記』には、『大友本』と『宗像本《むなかた》』という二種類の写伝本があるが、一八七七年に出版された大分県出身の士族・吉良義風《きらぎふう》による『上記鈔訳《しょうやく》』によって、世の中に広まるきっかけとなった。

義風が『上記鈔訳』を世に問うきっかけとなったのは、その前年八月一八日付の『東京日々新聞』だ。紙面には「肥後国《ひごのくに》（現熊本県）山鹿郡《やまが》相良村《さがら》にウガヤフキアエズ命の山稜がある」という記事が掲載された。この報道に対して義風は「歴史が歪曲されて伝わっているのは納得がいかない」と憤慨する。なぜなら義風は『上記鈔訳』発刊以前にも、宗教統制を目的とした官庁「教部省」の意向で『上記』の翻訳作業を行い、一八七五年に『上記』および『上記直訳』を発表していたのだ。それらの内容をもとにした『上記山稜実地考』も著して政府に献本しているが、その中にはウガヤフキアエズ命の山稜は肥後ではなく「日向国《ひゅうがのくに》（現宮崎県）」としている。義風は精魂こめた研究に、誤解が生じていることに、我慢ができなかったのだ。

このように、『上記』は官庁も認めた古文書であり、『上記鈔訳』の編集に際しては、

国立国会図書館所蔵

吉良義風が『上記』を意訳抜粋したダイジェスト版が『上記鈔訳』。図版は同書『歴史部1』（中外堂ほか）所収の「豊国文字」で書かれた「岩戸蓋石」の銘文を複写したもの

大分県令（知事）だった森下景端《かげなお》も校閲に参加している。しかし、『上記鈔訳』は記紀神話と異質で、神武天皇の皇子が化け猫に取り憑かれて殺し合ったなどの怪奇譚もあり、神話で国民を統制しようとした明治政府には受け入れがたいものだった。そこで真贋論争も起きたが、教部省が廃止され「西南戦争」（一八七七年）の影響もあり、うやむやのうちに終息してしまう。

現在では、鎌倉時代ではありえない内容の記述や、国学者の本居宣長《もとおりのりなが》らによって用いられた言葉もあり、国学が流行した江戸時代後期に成立した偽書だと考えられている。

◉秀真伝《ほつまつたえ》

編纂者 **三輪季聡**

成立年代 二世紀頃？
発見年 一九六六年

[概略] 東北・仙台に存在していた神代の都

漢字到来以前に古代大和で使用されていた「ヲシテ（ホツマ文字）」と呼ばれる神代文字を使い、五七調で綴られた神代史書『秀真伝』。古代の豪族三輪《みわ》氏の祖神・大《おお》物主櫛甕玉命《ものぬしくしみかたまのみこと》が神武天皇の時代に編纂した二二紋《あや》（章）に、第一二代景行《けいこう》天皇の命により三輪季聡《すえとし》（オオタタネコ）が、その後の歴史一八紋を加え、二世紀頃に献上されたと伝承されている。

そこに記されているのは、始原神・国常立尊《くにのとこたちのみこと》によって地水火風空の五元素が混じり合い、初めての人類「ミナカヌシ」が生じるという、宇宙創造まで遡る。そして、その後の天地開闢や日本の建国の逸話などは、ほぼ『古事記』と『日本書紀』（『記紀』）と同様の構成である。

しかし大きな相違点もあり、『記紀』に登場する天照大神は男神アマテルとして語られ、一二人もの妃《きさき》がいたことになっている。さらに、神々が集う高天原の場所は、現在の宮城県仙台市付近にあった日高見国《ひたかみのくに》とし、古代の東北地方には最先端の文化が存在していたという。そして、日高見国からの天孫降臨も『記紀』で描かれているような一度ではなく、ニギハヤヒノミコトとニニギノミコトの二度あったとされている。

また、『記紀』に登場する天照大神をはじめとする神々も実在の人物とし、『秀真伝』の記述は神話ではなく、「精神文化の高い人々の社会生活」の実相を描いている。そのための礼儀作法や理想論などが細かく書かれているのも大きな特徴だ。

例えば、各地の地名のいわれや古い神社の祭神、国家の本質、死生観や家族観、理想的な教育方法や人間の不幸の原因など、平和裏に生きていくうえの秩序を交えながら綴られている。中には「アワウタ」とよばれる歌を日本全国に広め、日本語の乱れを正したというエピソードまであり、道徳観の強い内容となっている。

【解題】神代史書の命運を握る「ヲシテ文字」の信憑性

『秀真伝』は全文が織物に見立てられ、景行天皇の在位六〇年間の歴史や文化が全四〇紋、一万行で構成されている。そんな『秀真伝』の写本の一部を一九六六年、自由国民社の編集者であった松本善之助《よしのすけ》が東京・神田の古書店で偶然発見。残部も四国・宇和島の小笠原家にあることをつきとめ、五年後に『復刻版 ホツマツタヱ』として全文を公開した。

『秀真伝』の「ホツマ」の意味は、ホは「秀でたこと」、ツは「強調」、マは「真実」の意である。つまり、「ホツマツタヱ」とは、「まことの中のまことの言い伝え」の意味となる。そもそも『記紀』の編纂は渡来人の指導の下で行われ、漢語で記されたとの説もある。そのため、翻訳の際に齟齬《そご》が生じたと捉えることができ、古代の日本文字とされるヲシテで書かれた『秀真伝』をもとに『記紀』は成立したのではないかという研究者もいる。つまり、『秀真伝』こそが日本最古の歴史書、というわけである。

しかし、五七調で貫かれた『秀真伝』のリズムは古代歌謡の定型句を踏襲しているように見えるが、当時は五七調でも字余りなどの変則句が含まれるのが自然であり、逆に時代設定を疑わしくしている。さらに、「めかけ」というような、江戸時代以降に使われるようになった言葉も登場する。

そもそも、『秀真伝』の特徴であるヲシテについても、神代に使われた文字とは言

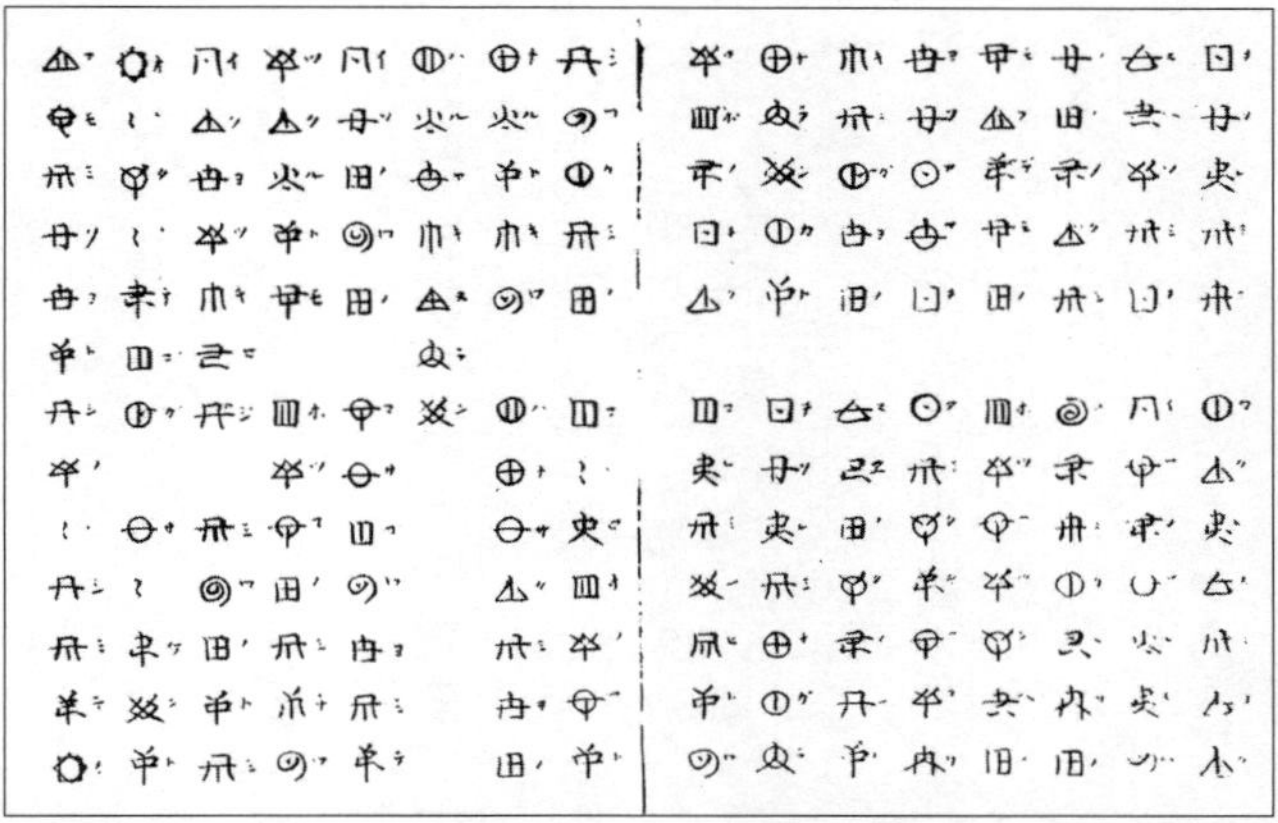

出典：小笠原長弘 筆録／松本善之助 復刻監修『復刻版 ホツマツタヱ』日本翻訳センター

『秀真伝』写本の一つ「小笠原長弘本」より、ホツマ文字で綴られた上奏部分の一部

い難い。根拠として、奈良時代以前の日本語は母音が八つあり、「ん」の文字もなかったとされるが、ヲシテは「ん」を含む。しかも母音も現在と同じ五つで確定されている。このことからヲシテは、江戸時代、国学の流行により多く創作された神代文字の一つだといわれている。

　このようなことから考え合わせると、『秀真伝』は江戸時代の神道家により作成された偽書である、と見なすべきだろう。なお、その事実上の作者としては、大物主櫛甕玉命の末裔《まつえい》と称していた一八世紀半ばの近江国《おうみのくに》（現滋賀県）の神道家・井保勇之進《いほゆうのしん》（和仁估安聡《わにこやすとし》）の可能性が高い、とされている。

◉九鬼文書《くかみもんじょ》

編纂者 不明

成立年代 不明
発見年 一九四一年

［概略］エジプト・中東まで広がった日本の神々の子孫

九鬼《くき》家は戦国時代に水軍として織田信長を支え、江戸時代は綾部《あやべ》藩（現京都府）と三田《さんだ》藩（現兵庫県）の藩主を務めた家柄で、明治以降に子爵に叙せられたほどの名門だ。その綾部九鬼家の家伝として伝わるのが『九鬼文書』である。

『九鬼文書』は「国体歴史篇」三巻、「神伝秘宝篇」二〇巻、「兵法武教篇」一一巻からなり、その中で宇宙開闢神話や神々の系図を記しているのが「国体歴史篇」だ。

それによると、宇宙は始源神である太元輝道神祖《たいげんきどうしんそ》から始まり、やがて数代を経て天《あめの》御中主《みなかぬし》天皇が現れ、その一二世後にアマテラス、ツクヨミ、スサノオの三柱が立つ。そして、スサノオの皇女であるアマテラスオオヒルメが皇室の祖先であるとしている。つまり、スサノオの姉と娘という二人のアマテラスが存在していたことになる。

さらに、日本の神々の子孫は海外の各地に降って、ツクヨミの子孫はインド方面と推測できる「黒人根国《ねのくに》」、スサノオの子孫はエジプトから中東方面とみなすことのできる「白人根国」で栄え、その子孫には黒人根国の釈迦、白人根国のノア、モーゼ、イエスがいたという。そして、『竹内文書』や『物部《もののべ》文書』と同様「ウガヤフキアエズ王朝七三代」の存在も記され、天皇家の歴史は「神紀一〇万五〇〇〇年、皇紀三万二〇〇〇年」だという。

『九鬼文書』で特徴的なのは、アマテラスの三姉弟が『記紀』（『古事記』『日本書紀』）と立場の異なる点だ。アマテラス、ツクヨミ、スサノオがイザナギとイザナミから生まれたのは同じだが、スサノオの子孫オオクニヌシを「大国主《おおくにぬし》天皇」「出雲天皇」として皇統に加えている。

つまり、娘は皇祖神であり、孫も皇位を継いだことになり、『記紀』とは違ってスサノオがアマテラスよりも上位であることを示す。しかも、三姉弟は出雲に都を置いたとされ、オオクニヌシは出雲大社の主祭神である。このことから、『九鬼文書』では大和王朝より出雲王朝を重視したとも考えられている。

『九鬼文書』を伝えてきた九鬼家は、その系譜を遡ると大中臣《おおなかとみ》氏にたどり着くとされる。大中臣氏は飛鳥時代以前から物部氏と同じく、祭祀をもって朝廷に仕えていた神道の家柄だ。そのため仏教を敬う蘇我《そが》氏と対立するが、物部氏は五八七年に起きた「丁未《ていび》の乱」で滅んでしまう。このとき蘇我氏に協力したのが聖徳太子である。そのため、『九鬼文書』には「無謀極まる聖徳太子と悪人蘇我馬子《そがのうまこ》たちによって、神代から伝わる神伝宝物が焼け失せた」といった文言が記されている。

この「焼け失せた神伝宝物」の一つが「天地言文」であり、その写本は物部氏の残党、大中臣一族、春日一族、越前武内一族がそれぞれに保存。その大中臣一族の写本をもとにして『九鬼文書』の「国体歴史篇」が編まれたのだ。

〔解題〕日ユ同祖論者の手によって世に広まる

そんな『九鬼文書』だが、一九四一年に古神道研究家の三浦一郎によって世に出ることになる。三浦は神道関係の会合で、綾部九鬼家の当主・九鬼隆治《たかはる》と出会い、隆治から先祖伝来の記録や系図の編集を依頼される。それが現在知られる『九鬼文書の研究』である。『竹内文書』と同じく皇室の権威を世界統一の原理とする内容は、一部の保守派や軍人に受け入れられた。しかし、

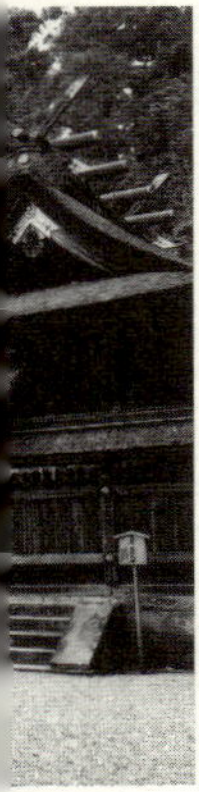
提供：中山銀士

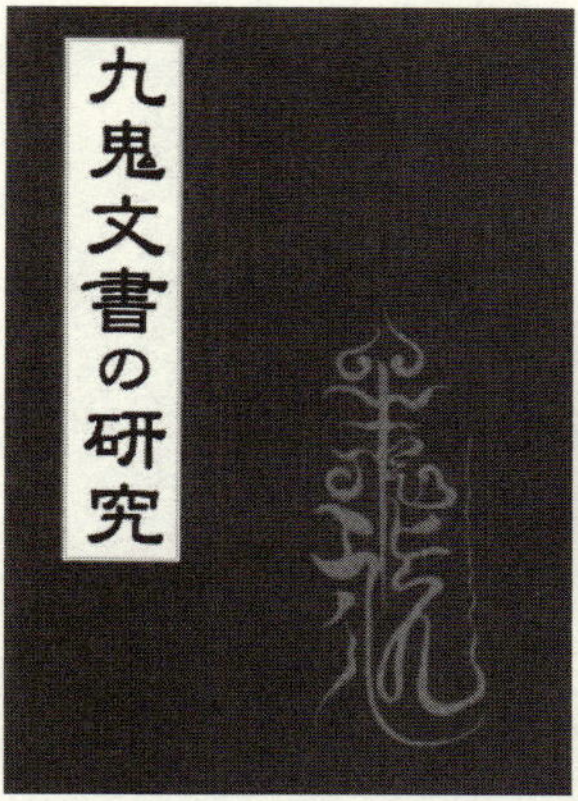

文書の内容の一部は『九鬼文書の研究』（三浦一郎・八幡書店）で読むことができる。右は綾部九鬼家が宮司を務める熊野本宮大社

三浦も竹内巨麿と同じように、国から弾圧を受ける。

三浦は「日本人とユダヤ人は同じ祖先を持つ」という「日ユ同祖論者」であり、そのため『九鬼文書』にある白人根国の記述に惹かれた。しかし『記紀』に基づく皇国史観は、これを許さない。一九四四年五月、三浦は警視庁に検挙され取調べを受ける。このときは「日ユ問題」に関する言動が主な取調内容だったが、七月に兵庫県警にも逮捕され、今度は『九鬼文書』について取調べを受け、発禁処分にされた。

現在、九鬼家は和歌山県熊野本宮の宮司を務めているが、『九鬼文書』の原本の所在は不明である。

◉物《もの》部《のべ》文《もん》書《じょ》

著作者 不明

成立年代 平安時代？
出版年 一九八四年

【概略】秋田・唐松神社に伝わる物部氏の歴史書

ヤマト政権で「大連《おおむらじ》」という高級官僚の地位にあり、代々軍事と神事を担ってきた物部氏。その本拠地は大和国《やまとのくに》（現奈良県）であるが、実は大和から逃れた後、現在の秋田県に定着したという伝説が残る（詳細は後述）。そんな物部氏の歴史を記したのが『物部文書』で、秋田県大仙市の唐松《からまつ》神社に代々伝えられてきたという。

『物部文書』は歴史書である「韓服宮《からまつのみや》物部氏記録」、物部氏の祈祷《きとう》法が記される「韓《から》服神社祈祷禁厭之伝《まつじんじゃきとうきんえんのでん》」、系譜を記した「物部家系図」などからなる。「韓服宮物部氏記録」にある記述には、物部氏の遠祖神であるニギハヤヒノミコトが降臨した地が秋田県と山形県の境にある鳥見山《とりみやま》（鳥海山《ちょうかいさん》）とあり、その後、大和へ移って土着したものの、日向国から東征してきた神武天皇に領土を譲り、天上界に帰ったとしている。

しかし、神武天皇つまり天皇家に土地を明け渡したニギハヤヒノミコトではあるが、鳥見山から大和へ移った理由や領土を譲った理由などは書かれていない。それでも、天上界へ帰った神が伝授した武術や呪術、祈祷術を子孫が習得し、それを朝廷での役目として担っている姿が描かれ、それを示すかのように、「韓服神社祈祷禁厭之伝」には鎮魂法や安産の呪法などが記載されている。

【解題】秋田物部氏の正当性を示す神器の存在

唐松神社の神主の祖は物部守屋《もりや》の子・那加世《なかよ》とされ、臣下とともに奥州（東北地方）に逃げ落ちたとされている。その原因となったのは、ヤマト政権の実力者である大臣・蘇我馬子との対立だ。

五三八年（五五二年説もあり）に仏教が朝鮮半島を経由して日本に伝わったとき、これを受け入れようとする「崇仏《すうぶつ》派」と拒否を示す「排仏派」に分かれた。崇仏派の中心は蘇我氏であり、排仏派は物部氏。やがて、蘇我馬子と物部守屋の時代に両一族は激突し、五八七年に戦乱となる。この「丁未の乱」で守屋は討たれ、一族は崩壊。生き残った一族は、地方へ落ち延びていったと考えられている。

そもそも『物部文書』の全体像が世に知られるようになったのは、一九八四年に『秋田「物部文書」伝承』という解説書が出版されてからだ。著者である進藤孝一氏によると、「韓服宮物部氏記録」は九八二年頃に書かれ、その後、一五八〇年、一七二一年に編集・加筆されている。「物部家系図」は同じく九八二年頃に書かれ、一一一四年、一七四〇年、そして昭和初期に加筆。「韓服神社祈祷禁厭之伝」については一一八八年の識語があるという。

ただし、「韓服宮物部氏記録」には戦乱後、ただちに那加世は唐松神社の地に定住したことになっているが、「物部家系図」では子孫が東北各地を転々とした後、九八二年にたどり着いたことになっている。なお、ニギハヤヒノミコトが降臨した場所だが、大和物部氏の記録とされる『先代旧事本紀《せんだいくじほんぎ》』では河内国《かわちのくに》（現大阪府）の哮峰《いかるがのみね》に降り立った後、「大和の鳥見の白庭山《しろにわやま》」に移動したとあり、その相似は興味深い点だ。

『物部文書』は秋田物部氏の来歴を伝えることを中心に据えられているが、ここには祖父である尾輿《おこし》の名はあるが守屋は登場しない。逆にほかの文献では那加世という名の記述はなく、その実在については疑問が残る。天皇家は皇位継承のシンボルとして三種の神器を伝えたとされているが、物部氏もやはり十種《とくさ》の神宝《かんだから》というものを伝えて

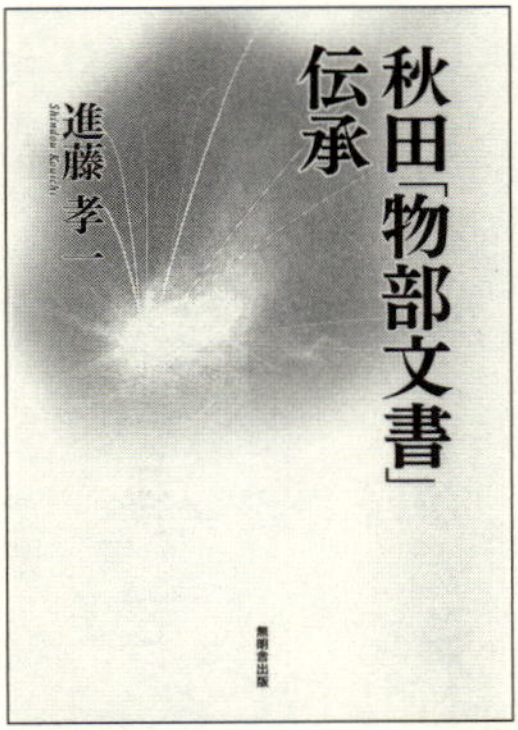

唐松神社に伝わる門外不出の歴史文書を初めて紹介した『秋田「物部文書」伝承』（進藤孝一・無明舎出版）。右の図版は物部氏の始祖とされるニギハヤヒノミコト（大塚正信 著『銅鐸と日本神話』中央公論事業出版より）

いたとされる。それは単なる宝というより邪悪なものを払う呪具であり、死者をも甦らせる力があるという。『物部文書』は十種の神宝が、唐松神社に伝えられた経緯も説明している（ただし現存はそのうち五種）。

　ちなみに蘇我氏や葛城《かつらぎ》氏といった大臣は、大和土着の豪族が天皇家に仕えた氏族とされ、一方の大連は古くから臣下であった氏族だという説がある。さらに、物部氏は「八十物《やそもの》部《のべ》」ともいわれるように、本家以外の系統も多い氏族だ。傍系が遠く秋田まで逃れていたとしても、完全に否定はできないのである。

◉先《せん》代《だい》旧《く》事《じ》本《ほん》紀《ぎ》

編纂者 聖徳太子・蘇我馬子

成立年代 飛鳥時代？（六二〇年）

［概略］聖徳太子が編纂した日本最古の歴史書

『先代旧事本紀』は、聖徳太子が大臣の蘇我馬子と官人の小野妹子《おののいもこ》、そして側近の秦《はたの》河勝《かわかつ》に命じて各氏族の系譜や資料を集めさせ、国史として編纂したとされる全一〇巻の史書だ。この書は平安時代、宮中における「日本紀講」の私記と呼ばれる講義録の中に『本朝史書之始《ほんちょうししょのはじめ》』という名で初めて登場する。日本紀講とは、平安時代初期に行われた、朝廷主催による『日本書紀』の講読会を指す。

そもそもなぜこんな会が行われていたかというと、当時多くの氏族により、自分たちを正当化するための偽史書が乱作されていた。そういった世相から、改めて『日本書紀』をはじめとする古い歴史書を正しく学ぶ必要性があるとして、儒学者を中心に開催されるにいたったという。そして、講師を務めた博士・矢田部公望《やたべのきんもち》が、それまでほとんど知られていなかった『本朝史書之始』を持ち出し、「これこそ『日本書紀』の原書」と主張したのだった。

そこには『古事記』や『日本書紀』（『記紀』）にもない神話・伝承を多く含み、さらにその序文に撰録者として聖徳太子と蘇我馬子の名が明記されていた。これ以降、この書は『古事記』より九二年も古い、しかも聖徳太子が編纂した最古の国史だとして、長きにわたり信じられたのである。

【解題】偽書にして神典にあらず。異本『大成経』騒動

『日本書紀』では難解な箇所も、『先代旧事本紀』では非常に分かりやすく明快に記されており、その点からも「聖徳太子の偉業」として評価されていた。ところが、江戸時代に入り、考証学が発達すると国学者らによって数々の疑問が指摘され、偽書と解釈されたのである。

まずは、聖徳太子以降の歴史を含む記述もあること。さらには物部氏の祖神であるニギハヤヒノミコト伝承が重視されているのだが、物部氏といえば聖徳太子と敵対していた氏族である。太子が、あえて国史にそんな物部氏を中心に置く理由が見当たら

ない。さらに、成立時期についても「『記紀』よりも早い」とされているのにもかかわらず、八〇七年に編纂された『古語拾遺《こごじゅうい》』からの引用らしき箇所もある。さらには、鎌倉時代中期の『神皇系図』という書物の名も登場するのだ。

これらのことから、現在では鎌倉時代以降の九世紀前半から一〇世紀後半にかけ、『古事記』や『日本書紀』『古語拾遺』の要所を集め再編纂したもの、という見方が強く、「神話を一本化し、その解釈の仕方も統一しようとする、当時の宮中における政治的目的があって作られた書物なのでは」と考える研究者もいる。

しかし、巻三「天神本紀《てんじんほんぎ》」のニギハヤヒノミコト降臨、巻五「天孫本紀《てんそんほんぎ》」の尾張《おわり》氏と物部氏の伝承、巻十「国造本紀《こくぞうほんぎ》」のくだりは、ほかの文献に存在しない独自の所伝である。このことから、現在は残っていない物部氏の文献や伝承の一端を反映している可能性が高いとされ、創作物とは一線を画す書であると捉える向きもある。

さらに、この『先代旧事本紀』は「聖徳太子信仰」とも結び付き、後年、数多くの異本を生み出していくことになる。その中でも、一六七九年に出版された『先代旧事本紀大成経《だいせいきょう》』(以下『大成経』)の騒動はとくに有名である。『大成経』は『先代旧事本紀』で散逸した部分を補った、より原本に近い書という触れ込みで大ベストセラー

国立国会図書館所蔵

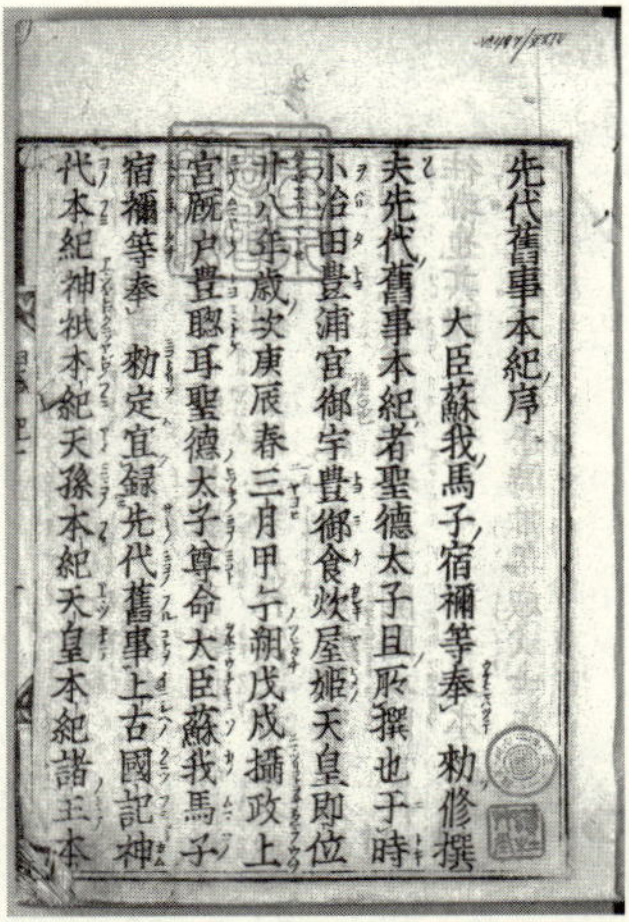

先代舊事本紀序
大臣蘇我馬子宿禰等奉 勅修撰
夫先代舊事本紀者聖徳太子且所撰也于時
小治田豊浦宮御宇豊御食炊屋姫天皇即位
廿八年歳次庚辰春三月甲午朔戊戌攝政上
宮厩戸豊聡耳聖徳太子尊命大臣蘇我馬子
宿禰等奉 勅定宜録先代舊事上古國記神
代本紀神祇本紀天孫本紀天皇本紀諸王本

国立国会図書館所蔵

物部氏の神話・伝承と深く関連する『先代旧事本紀』。右は聖徳太子と蘇我馬子の名が記された同書の巻頭部分。左は「丁未の乱」で蘇我馬子に敗れた物部守屋（『前賢故実 巻第１』より）

となったが、刊行にあたって、志摩にある「伊雑宮《いざわのみや》」が関与したとされる。

ところがその中に、天照大神を祀る皇大神宮《こうたいじんぐう》の正宮を伊雑宮とする記述があり、これが伊勢神宮や国学者などの反発を招いてしまう。徳川幕府も、『大成経』は偽書と断定して版木などを焼却。関係者が流刑に処されるという重罪を受けている。なお『先代旧事本紀』については、明らかな偽書ではなく平安時代成立の史書として一定の価値がある、とする意見も存在する。

◉天照大神本地《てんしょうだいじんほんじ》

著作者　不明

成立年代　一五二三年頃

［概略］天照大神は大日如来《だいにちにょらい》の化身で前世はインドの王だった

国文学には「本地物《ほんじもの》」と呼ばれるジャンルがある。これは「日本の八百万《やおよろず》の神も、仏が姿を変えた存在である」（神仏習合）とする、「本地垂迹説《ほんじすいじゃくせつ》」の影響を受けて成立した小説や物語で、社寺創建の経緯に霊験説話や禁忌《きんき》といった「縁起」を述べたものと、神社の祭神が前世の人間時代（本縁）に苦難を体験したことを記したものに分けられる。

そもそも「本地」とは、「神となって祀られる前の仏」を指し、「垂迹」は「仏が人々を仏道に導くために、神の姿となること」を示す。この『天照大神本地』は、皇祖神であり、神道の最高神である天照大神の本地を語る物語である。

「そもそも、天しやう大神《たいしん》の、御もとを、たつぬるに、こんほん、大日《だいにち》にようらいにて、三せの、しよふつの、へんしんなり、そのゆらいを、くわしくたつぬるに、いにしへ、さい天ちくの、はらなひこくの大わうにて、をわします、御なをは、けむたつはわうと、申《もうし》たてまつる」

これは『天照大神本地』の冒頭にある記述で、天照大神の本地は大日如来であり、その本縁は天竺《てんじく》（インド）にある波羅奈国《ばらなこく》の乾闥婆王《けんだっぱおう》だということが記されている。物語の前半は、乾闥婆王と息子である妙音太子《みょうおんたいし》、弟の智一上人《ちいちしょうにん》、太子の実母と継母にまつわる継子物語である。

あらすじは、「子どもがなかった波羅奈国の乾闥婆王に妙音太子が生まれるが、太子は三年後に実母と死別。継母が来て、あろうことか太子に恋文を送るも拒絶されてしまう。それをきっかけにいじめを繰り返すため、太子が父王とともに船で日本にやってきた」というものだ。

物語の後半は、寺社への参拝や日常の信仰方法とその根拠といったマニュアル的な内容や、初穂を神前に納める由来、水垢離《みずごり》の作法など、神道や皇室に関する内容があるため、作者は、かつて国に保護されていた密教系の僧が書いたとする説もあるが、明確にされていない。しかも、どういう意図で書かれたのかも明らかでない。だが、このような本地物が成立した理由は、中世の時代背景にあると考えられる。

［解題］発展と変化を続ける「本地物」の真髄

平安時代末期になって武家が台頭してくると、これまで神社や寺院を支援していた朝廷や貴族の実権が弱まっていった。そんな状況の中、社寺は新興階層である武士や庶民から支持を受ける必要性に迫られた。しかし、対象である武士・庶民は貴族ほど教養は高くはない。そんな彼らのレベルに合わせるために社寺の縁起も変質させ、庶民の生活の中で霊験や価値をアピールするために物語的な要素が強くなり、通俗文芸化されていったという。戦国時代（一五二三年）に成立したとされる『天照大神本地』も、幕府や朝廷の権威が失われ、武将や民衆の力に頼らざるを得なかったというのが、執筆の動機だとされている。

「仏が人々を救おうと現れるときは神の姿となる。神に変身するには、人間のときに受ける苦しみを体験すること」というのが本地物の理念であり、そのため、悲劇がベースとなっているのが基本である。また、『天照大神本地』のように神話を換骨奪胎させた物語も多く、当時の神道家や密教を

春斎年昌が描いた『岩戸神楽之起顕』の天照大神。『記紀』（『古事記』『日本書紀』）では、太陽神であり女神と記されている

中心とした寺院関係者は、『日本書紀』や『伊勢物語』といった歴史書や王朝文学を単に注釈しただけでなく、人々に受け入れられやすい物語として変化させていったのである。

これらの本地物は、物語、浄瑠璃、説経節などの形をとりながら、文字だけではなく口承でも広がった。異本が多いのはそのためで、その時々の都合で物語は省略され、あるいは増減されながら身近に伝わっていった。それゆえフィクションとしての評価しかされないことが多いが、実は単なる空想的な物語ではなく、当時の信仰の背景や民衆の実相が分かる文書としても興味深いのである。

◉契丹古伝《きったんこでん》

編纂者 耶律羽之

成立年代 一〇世紀中頃？
翻刻版 一九二六年

〔概略〕東アジアのルーツは一つとする北方民族の史書

四世紀から内モンゴル・シラムレン川の近辺で生活していたモンゴル系遊牧民「契丹族」。彼らが建てた帝国を「契丹国」といい、その領土は満州（中国東北部）から内外モンゴルまでおよんだ。そんな契丹族の歴史書が『契丹古伝』だ。

『契丹古伝』では、日本や朝鮮、満州、蒙古《もうこ》にいたる東アジアのルーツを「東大族《とうたい》」としている。東大族とは漢民族以前の先住民であり、中国の伝説王朝「夏《か》」や、実在が確実視される「殷《いん》」の皇帝といわれている伝説の三皇五帝も、東大族の出身だと書かれている。

東大族の始祖は日祖アメシフウルカメ。アメシフウルカメは清らかな波しぶきの中で禊《みそぎ》をして、日孫アメミシウクシフスサダミコを産んだと書かれ、この記述は『記紀』（『古事記』『日本書紀』）に描かれた「神産み伝説」に、イザナギが禊をした際、天照大神とツクヨミノミコト、スサノオノミコトが生まれたとする神話と類似している。さらに、東大族と敵対していたとされるオロチ族をスサナミコが討伐したという、まるで「八岐大蛇退治《やまたのおろち》」を彷彿《ほうふつ》させる記述もある。

また、東大族は中国全土に広がり分拠していたが、西方から侵入してきた漢民族の祖先が殷を滅ぼし「周《しゅう》王朝」を建てる。その際、東大族で西に逃れたものは「匈奴《きょうど》」となり、東に逃れたものは朝鮮や日本にたどり着いたとする。

［解題］日本軍人によって再び日の目を見た古伝

九二六年、契丹族の族長である耶律阿保機《やりつあぼき》は満州にあった「渤海《ぼっかい》国」を滅ぼし、契丹国を建て、自らは「太祖皇帝」と称する。二代目堯骨《ぎょうこつ》の時代には中国華北部をまとめ、国号を中国風に「遼《りょう》」と改めた。渤海の領土には分国として「東丹《とうたん》国」を設け、阿保機の長子・突欲《とつよく》が王位に就く。

『契丹古伝』によると、太祖の時代、宮殿の上を太陽から降りてきた赤いニワトリ（丹鶏）が舞い、堯骨の時には丹鶏が地上に降りてきて、その場所から詩のような文字を刻んだ美しい石が見つかる。その文字は古語のため意味を知ることはできなかったが、解読に挑んだのが、突欲の補佐官である耶律羽之《うし》だった。

羽之は東丹国で保管されている渤海の古文書を、いくつもひもときながら、それらの内容を引用・列挙することで契丹族の歴史が明らかになることに気付き、撰録したのが『契丹古伝』である。だが、一一二五年に遼が滅びたのと同じくして、『契丹古伝』も歴史の中に埋もれてしまった。

この古伝が再び世に出るのは、日露戦争中に鴨緑江軍兵站《おうりょくこうぐんへいたん》経理部長として従軍していた浜名寛祐《ひろすけ》が、偶然入手したことが始まりだった。

浜名は満州奉天郊外の寺に駐留していた時、不思議な巻物を見せられる。そこには解読不能といわれた古代言語で記された文章があり、浜名はひそかに写し取って日本に持ち帰る。帰国後、解読に難航しながらも、一九二六年に『日韓正宗溯源《にっかんしょうしゅうそげん》』と題して出版した。浜名は、「日韓併合が両国のためになる」という思いで国に仕えていた軍人でもあり、『契丹古伝』が日韓の始祖が同じ（日韓同祖論）であることを示していることから、この題にしたのだった。

『契丹古伝』は原本・写本ともに不明なので、この『日韓正宗溯源』だけが内容を知

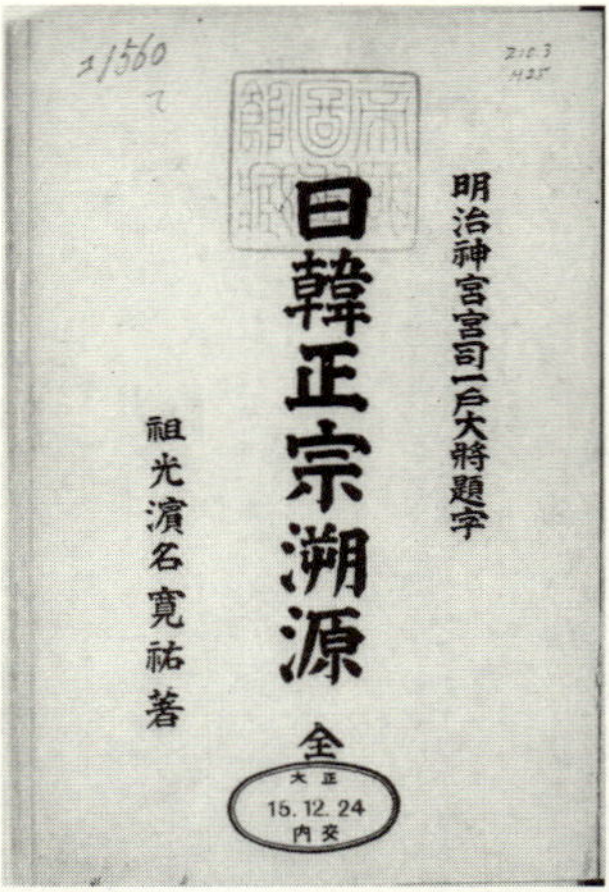

国立国会図書館所蔵

浜名寛祐が10年の歳月をかけて解読して上梓した『日韓正宗溯源』(喜文堂書店)。現在、八幡書店より『契丹古伝』のタイトルで復刻版が刊行されている

る唯一の手がかりだ。しかし浜名は日韓同祖論者であり、また、軍人という立場から独自の解釈を加えたと思われる箇所が多い。さらに、浜名は自分の解釈を不十分とし、原文の翻刻を掲載している。だが、表記は漢字で、しかも漢文にもなっておらず、そのままでは解読ができない文字の羅列だった。「渤海語を漢字に置き換えたため」としているが、当時の言語は現在でも十分に解読されていないため、史料としてはさほど価値を持たない。だが浜名は、『魏志《ぎし》』や朝鮮・日本の古語で解読できる言葉が「多い」ことを発見し、発表にいたったのである。

●東日流《つがる》外《そと》三《さん》郡《ぐん》誌《し》

編纂者　秋田孝季・和田長三郎吉次

成立年代　江戸時代？
発見年　一九四八年

［概略］青森県津軽地方に存在した古代王朝の記録

日本の古代史は、現在の奈良県にあったヤマト政権を中心として語られてきた。もちろん、日本最古の歴史書である『古事記』や正史である『日本書紀』も、天皇やヤマト政権の成り立ちや来歴について記されたものだ。しかし、大和国からはるか離れた東北の津軽地方に、別の王朝が存在したとする歴史書が存在する。それが、青森県五所川原《ごしょがわら》市の和田家に伝わったとされる古文書『和田家文書《わだけもんじょ》』であり、中心となるのが『東日流外三郡誌』である。

『東日流外三郡誌』は、三春藩（現福島県）藩主・秋田倩季《よしすえ》の命によって、縁戚にあたる秋田孝季《たかすえ》が妹婿の和田長三郎吉次《ちょうざぶろうよしつぐ》とともに古代・中世の史料を収集し、一七八九年から一八二二年にわたって編纂したもので、その主な内容は次の通りである。

古代、津軽にはアソベ族と呼ばれる穏和な人々が住んでいた。彼らは農耕を知らず、狩猟や採集で平和な生活を送り、アソベ山という火山を聖域としていた。だが、中国大陸からツボケ族という荒々しい民族が渡来し、アソベ族を山地に追いやる。やがて、アソベ族は征服され、アソベ山の噴火もあり滅びてしまった。その頃、大和を中心とする近畿地方には、ツモミケ族のアビ彦と弟のナガスネ彦が周辺のクニを統一して耶《や》馬台国《またいこく》（邪馬台国ではない）を築いていた。この耶馬台国に侵攻したのが九州の日向国だった。日向軍を率いていたのが後の神武天皇で、ナガスネ彦は重傷を負い、アビ彦も敗退し、津軽に逃げ延びたという。

その後、アビ彦とナガスネ彦は津軽に留まり、アソベ族の残党とツボケ族、そして大陸や朝鮮半島から東北に渡ってきた部族と連合し、アラハバキ族を結成する。アラハバキとはもともと神の名前で、東北地方を中心に出土する「遮光器土偶《しゃこうきどぐう》」は彼らのご神体とされる。そして、アラハバキ族は東北を五つに区分し、それぞれに王をおき、各王による合議制で統一を保った。なお、大和を征服した日向国は、たびたびアラハバキ族を攻めたが、アラハバキ族は防衛するだけでなく、逆に大和を制圧して、自分たちの王朝を立てたこともあった。

【解題】メディアにも取り上げられ地元自治体の史料に

これが『東日流外三郡誌』に記された東北古代王朝部分のあらましで、壮大な創世神話から、ヤマト政権との確執が描かれている。古代以降は、東北地方の豪族・安倍《あべ》氏をアラハバキ族の子孫とし、平安時代末期には宗家となった安東（安藤）氏が、十《と》三湊《さみなと》（青森県五所川原市周辺）を拠点に水軍を組織。十三湊は交易の中心になり、内外の船が行き交い大いに繁栄する。しかし、一三四〇年（もしくは翌年）に起こった大津波で壊滅した、といった安東（安藤）氏の鎌倉時代から江戸時代にいたるまでの歴史が綿々と綴られている。

この『東日流外三郡誌』を発見したのが、前述した和田家の和田喜八郎氏だった。一九四八年、自宅を改築中に古文書が入った長持ちが天井裏から落ちてきたという。

喜八郎氏によると、秋田孝季と和田長三郎吉次による資料収集の旅は、三春藩秋田家だけでなく仙台藩伊達家の出資や幕府老中・田沼意次《おきつぐ》の支援も受け、その行程には日本のみならず、シベリアやトルコ、ギリシャ、エジプトも含まれた。そして旅の途中、長崎の出島にも立ち寄り、孝季と吉次はダーウィンの進化論やビッグバンとも受

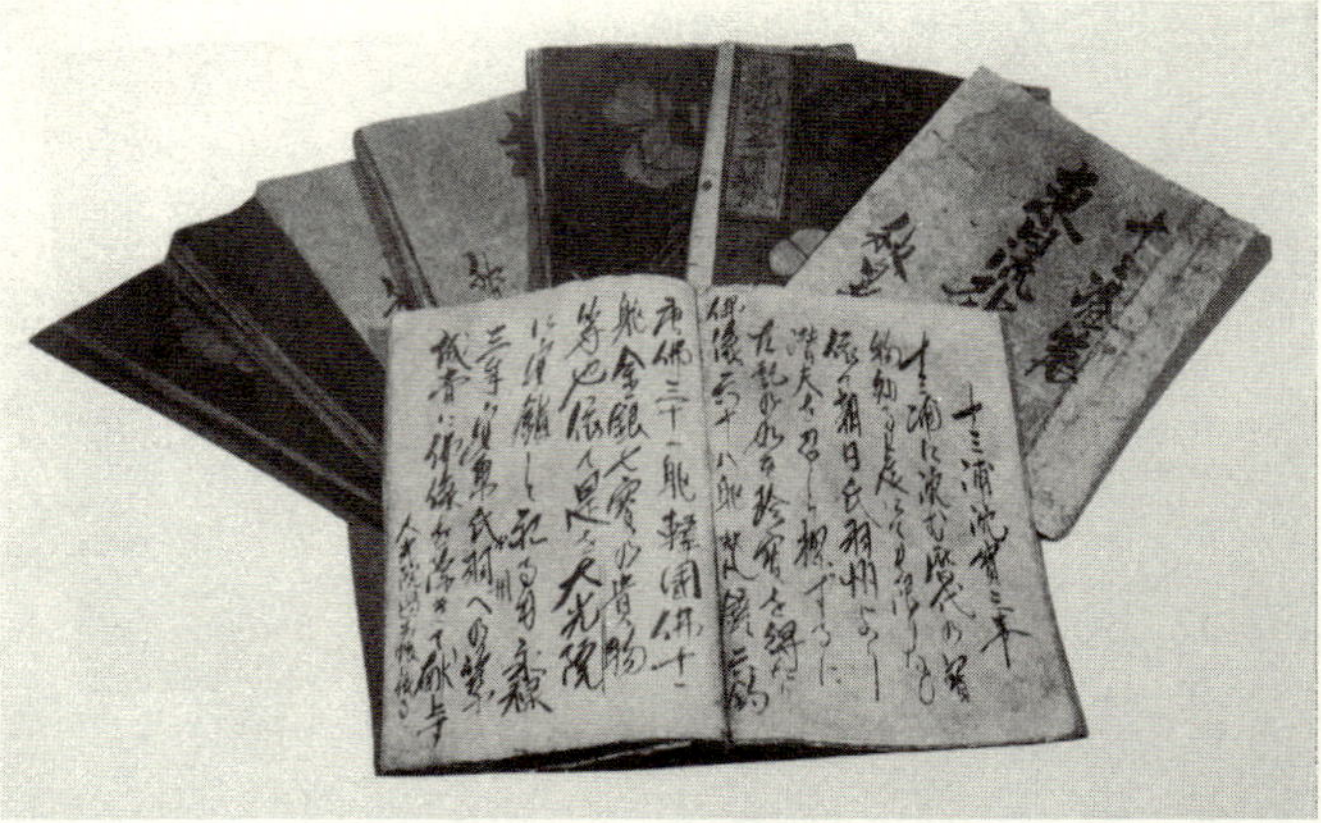

提供：共同通信社

全368巻におよぶ膨大な量の文書から「戦後最大の偽書」といわれた『東日流外三郡誌』

け取れる「宇宙原素大爆裂」などの講義を受けたとしている（ちなみにビッグバンの提唱は一九二七年）。二人の旅は約三〇年もの歳月が費やされ、孝季は記録の編纂を続けていたが、屋敷が火事に遭い書き留めていた原本も焼失、副本だけが吉次の手に残った。吉次の子孫は代々、副本の書写を重ね、明治時代ないし昭和初期のある時期に、写本を天井裏に隠した。それを発見したのが喜八郎氏である。

　喜八郎氏は『東日流外三郡誌』を、青森県市浦《しうら》村（現五所川原市）に提供。アラハバキ族の末裔とされる安東（安藤）氏ゆかりの地である市浦村は、一九七五年に刊行した『市浦村史資料編』の中に

『東日流外三郡誌』を収録し、公的なお墨付きを与えることとなる。その後、日本史における皇統に疑問を抱く当時の左派系歴史学者や研究家に受け入れられ、関連書籍も数多く刊行。喜八郎氏はＮＨＫなどのテレビ番組にも出演し、新聞などのメディアも大きく取り上げた。現総理大臣の父親である安倍晋太郎代議士や芸術家の岡本太郎までもが、『和田家文書』を見聞に訪れている。

また、喜八郎氏が一九九九年に没するまでの間、『東日流外三郡誌』以外の古文書も次々と見つかり、最終的に所蔵していた文献は段ボール箱で二〇個を超えるほどにもなった。

しかし、『東日流外三郡誌』は発表以来、「写本の筆跡と喜八郎氏の筆跡が一致している」「天井裏から古文書が落ちてきたというが、天井板を張ったのは戦後のことである」「一九三〇年に発見された冥王星が出てきたり、江戸時代どころか明治時代にも使われていなかった用語が登場する」「十三湊は一四世紀の大津波で壊滅したというが、そんな事実を示す証拠は存在しない」など、不自然な箇所が多く指摘されていた。さらに、一九九二年、大分県別府市在住の古代史研究愛好家が喜八郎氏に対し、民事訴訟を起こした。

訴訟の主な内容は、『東日流外三郡誌』の中に原告が喜八郎氏に提供した熊野や大和の「猪垣《ししがき》」の写真や資料が「耶馬台城」の写真・資料として無断で使用されたというものだ。裁判では『東日流外三郡誌』の真贋も論点となったが、裁判所は偽作説に一定の根拠を認めつつも真贋については判断を避け、賠償責任として一審で二〇万円、控訴審で四〇万円の支払いを命じ、上告審は差し戻され結審している。

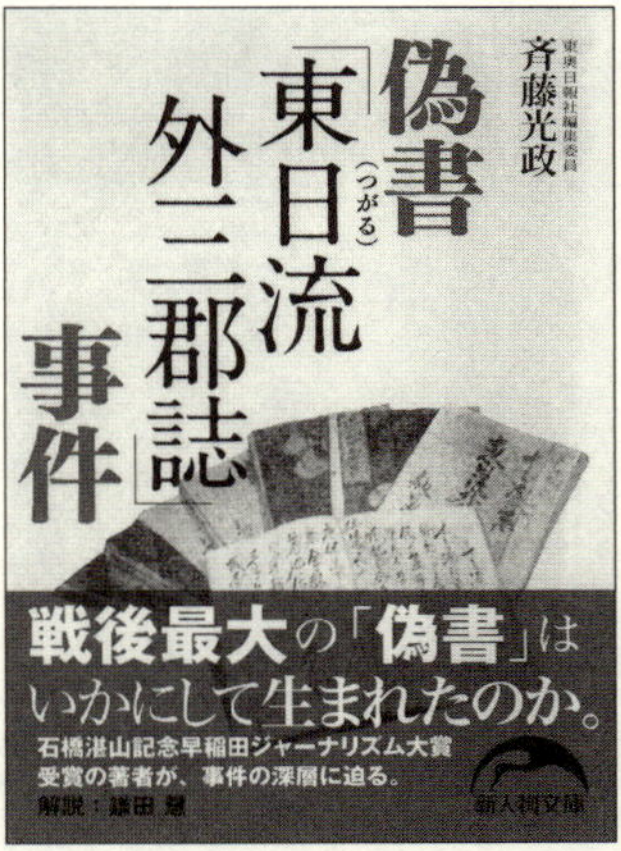

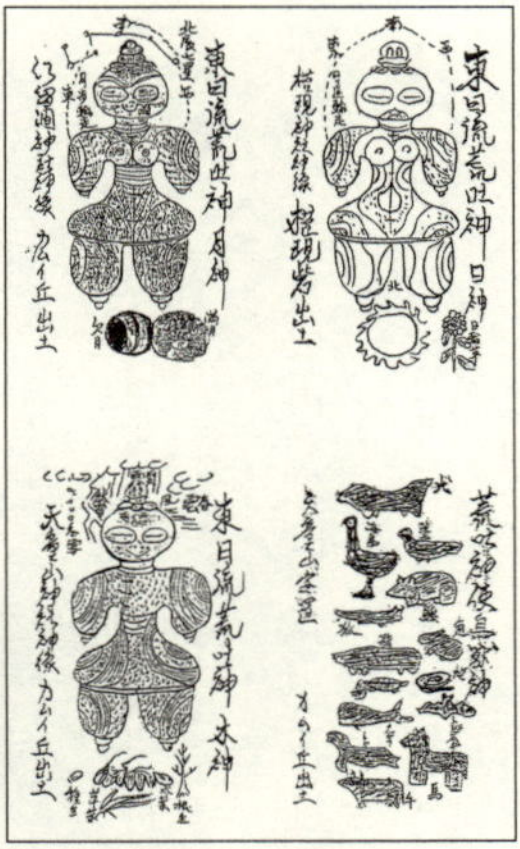

『東日流外三郡誌』をめぐる偽書事件の背景を追ったルポルタージュ『偽書「東日流外三郡誌」事件』（斉藤光政・新人物文庫）。右の図版は『東日流外三郡誌 ①古代篇』（八幡書店）に所収されている遮光器土偶を模したアラハバキ神

今日、『東日流外三郡誌』を含む『和田家文書』はその真贋をめぐる長い論争の末、偽書ということで決着しているが、今も同書を真書であると論陣を張る研究者や「正史」と信じている人もいる。

●column

歴史教科書の改定を余儀なくされた、旧石器発掘ねつ造スキャンダル事件

二〇〇〇年一一月五日、一つのスクープ記事が全国を駆け巡った。報道したのは毎日新聞社。当日の朝刊の一面から三面、二五面から二七面を割くという大きな扱いで、評論家・ジャーナリストの立花隆氏から「文化的犯罪の凶悪犯」と言わしめた事件が「旧石器発掘ねつ造事件」だった。

ねつ造を行ったのは東北旧石器文化研究所（現在は解散）のF副理事長。彼は、いとも簡単に、しかも多くの貴重な石器を発見することから「神の手」の持ち主と呼ばれ、日本列島の旧石器時代の発掘作業において不可欠の人物とされてきた。

発掘された日本考古学史上の大発見

かつて考古学界では、日本に旧石器時代は存在しないというのが通説だった。しかし、一九四九年、アマチュアの考古学愛好家が約二万五〇〇〇年前の地層から石器を

発見し、その後、各地でも同時代の遺跡が発見され、旧石器時代が日本にも存在したと認められるようになった。だが、当時発見された遺跡は約三万年前から一万年前の遺跡ばかりで、それ以前の前期旧石器時代が存在したかどうか、考古学界では意見が分かれていた。そんな中、一九八〇年に注目されたのが宮城県の座散乱木《ざざらぎ》遺跡だ。

座散乱木遺跡では約四万年前の石器を発掘。このとき調査に加わり石器を掘り出したF氏は、約四万二〇〇〇年前と推定されていた地層から、わずか五分で石器を発見している。その後、彼は約三〇万年前、約五〇万年前、約六〇万年前、約七〇万年前の石器

1 14版 2000年(平成12年) 11月5日 日曜日

MAINICHI 毎日新聞

旧石器発掘ねつ造

宮城・上高森遺跡

調査団長の[redacted]氏

自ら埋める「魔がさした」認める

70万年前と発表

北海道の遺跡でも

日本人バス乗っ取られる

ライフル銃の男 35人、人質に

アテネ近郊

NEWSLINE

旧石器発掘ねつ造関連

教科書に混乱も 2

不十分だった学問的検証 3

早朝、たった一人で 25

「神業」の陰に 26

藤村氏「大変なことをした」 27

今週の本棚 一批評と紹介 9~11

時代の風 榊原 英資氏 3

文化書道

碁のある人生

提供：毎日新聞社

ねつ造行為の現場を押さえ、日本考古学界の一大スキャンダルとなった『毎日新聞（2000 年 11 月 5 日付）の記事

を次々に発掘し、さらには約六〇万年前に原人が石器を並べたとされる遺物や土を掘った穴跡や建物の柱穴とされる遺構も見つけている。これにより、当時の日本考古学界は「日本には七〇万年前に世界で最も進んだ文化が存在した」とし、遺跡の多い自治体では特産品や観光イベントで町おこしを図った。

ねつ造を促した周囲のプレッシャー

だが、毎日新聞社根室通信部の記者は、考古学関係の知人から「北京原人に匹敵する世紀の大発見のはずなのに、きわめて短期間に相次いで発掘され、しかもその全てをF氏が手がけている」という話を聞き、同社はねつ造の可能性を疑った。綿密な裏づけ取材などで情報を収集し、証拠を撮影するため張り込みを行い、F氏が石器を埋設するシーンを写真とビデオ映像に納めることに成功したのだった。

F氏自身は「神の手」と呼ばれることを快く思っていなかったらしい。しかし、周囲をはじめ、マスコミもはやし立て、そのプレッシャーがねつ造の一因だとされている。もちろん功名心に駆られたことも理由の一つだろうが、「より古い年代の石器を」という期待が重圧になっていたのは確かだろう。

第二章

飛鳥時代から平安時代

飛鳥・平安時代の偽書や奇書には、仙人や神、妖怪などとの遭遇といった、不可思議な体験が記されているのが特徴だ。聖徳太子が預言者であったり、浦島太郎が修行中の仙人として伝えられていたり、奇跡と伝説に彩られた弘法大師（空海）の伝記があったり。しかもそれが単なる空想話ではなく、この時代には異界と人間界が通じる日常があったのかと思える妙な説得力に満ちている。そんな神秘と現実が絶妙に混在した奇談の書を見ていこう。

◉日本國未来記《にほんこくみらいき》

著作者 不明

成立年代 飛鳥時代？

[概略] 数百年後を予言した聖徳太子による文書

「予言書」といえば、多くの人はノストラダムスの名を思い浮かべるかもしれない。だが、中世の日本においては、「聖徳太子の予言」なる文書が存在した。ただ、それは一冊の書籍ではなく、聖徳太子に縁の深い場所で発見された複数の文書を指し、やがてこれらは『日本國未来記』と呼ばれることとなる。

例えば、『聖徳太子瑪瑙記文《めのうきぶん》』という「未来記」には「弓も尽き、蒙古に国を奪われん」との記述があり、これは一二七四年の「文永の役《ぶんえいのえき》」とその七年後の「弘安の役《こうあんのえき》」、つまりモンゴル帝国の襲来を予言したものとされている。また鎌倉時代の歌人・藤原定家《さだいえ》は自身の日記『明月記《めいげつき》』で、一二二七年に河内国で、聖徳太子の予言を記した石碑が発見されたことを書き留めている。その内容も一二二一年に後鳥羽上皇が、時の北条政権の討伐に乗り出した、いわゆる「承久の乱《じょうきゅうのらん》」を予見させる内容であったという。

このような「未来記」は二〇種以上存在したとされるが、代表的といっていいのが、南北朝時代の武将・楠木正成《くすのきまさしげ》が読んだとされる「未来記」だろう。

正成は、北条政権によって廃位された後醍醐天皇を擁立し、鎌倉幕府を滅亡に追い込んだ中心人物の一人だ（元弘の乱《げんこうのらん》）。南北朝の動乱を描いた軍記物『太平記《たいへいき》』によれば、正成が大阪の四天王寺《してんのうじ》を参拝した際、寺に伝わる「未来記」を一読。そこには「人王九五代に当たって、天下乱れて安からず。日、西天に没した後、東魚を西鳥が食う」というような意味の言葉が記されていたという。

正成は「日、西天に没し」を「隠岐《おき》に流された後醍醐天皇」、「東魚を西鳥が食う」とは、関東にある北条一門を滅ぼす者が西方から現れると読み解き、挙兵が天意であることを確信。果たして予言は現実のものとなり、「人王九五代」の次代に就いた王こそ、九六代後醍醐天皇であった。

ただ、これらの「未来記」が成立した年代は、いずれも太子の死から数百年以上を経ているとの説が有力だ。すなわち、太子の時代に残されたであろう原本は存在しない。したがって、仮に太子による記録が実存したとしても、後世の人間によって加筆・修正がなされている可能性は高い。そして、このような書物が現れるようになったのは、太子の偉大さゆえ、という指摘もある。

【解題】聖徳太子の威光を傘に着た願望の書

聖徳太子といえば、日本初の女帝である推古《すいこ》天皇の摂政として、「十七条憲法」や「冠位十二階」の制定を実施、遣隋使を派遣するなど、歴史上でも屈指の偉人として知られている。また「一〇人の話を同時に聞くことができた」「白馬に乗って天空を駆け巡った」など、超人的なエピソードも有名だ。さらに『日本書紀』には、聖徳太子は「未然の事を知りたまう」能力、すなわち未来を予想することができた、という記述もある。それゆえ、太子が何か予言めいた言葉を残したはず、と考える者がいたとしても不思議ではない。

また、誰かが野心を抱いたとき、それに沿うような太子の文書が存在すれば、強力な後ろ盾にもなる。そんな目論見を立てた人間もいただろう。実際、楠木正成が読んだとする「未来記」も、『太平記』の注釈書『太平記評判秘伝理尽抄《ひょうばんひでんりじんしょう》』によれば、「未

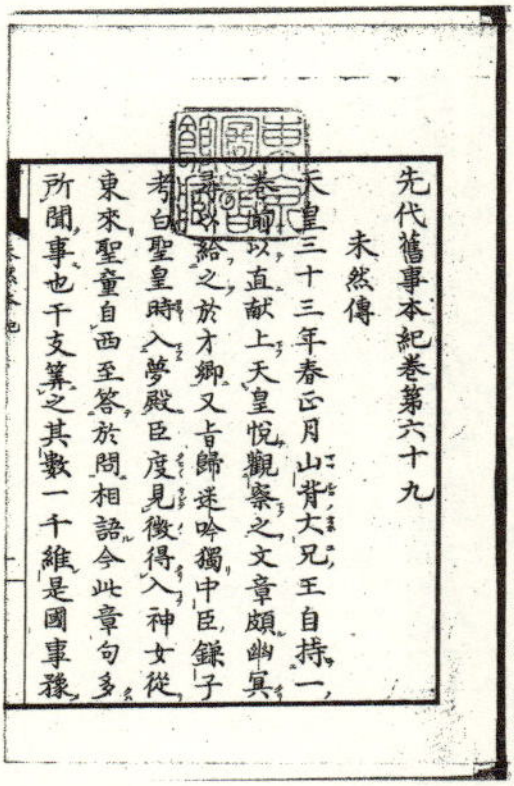
先代舊事本紀巻第六十九
未然傳
天皇三十三年春正月山背大兄王自持一
巻輸以直献上天皇悦觀察之文章頗幽冥
[illegible]給之於才卿又旨歸迷吟獨中臣鎌子
考白聖皇時入夢殿臣度見徴得入神女從
東來聖童自西至答於問相語今此章句多
所聞事也干支纂之其數一千維是國事孫

国立国会図書館所蔵

国立国会図書館所蔵

右は「未来記」を解読し「元弘の乱」（1331年）を起こした楠木正成（栗原信充 画『肖像集３』より）。左は聖徳太子の「未来記」の一つとされる『未然本紀（みぜんほんぎ）』（『先代旧事本紀大成経 第69巻』より）

来記を作りし一計は、正成が謀《はかりごと》に以て」というくだりがある。つまり、正成は世論を味方に付けるため、「未来記」をでっち上げたとされている。

さらに一〇五四年、大阪府の叡福寺《えいふくじ》から「未来記」が出土したが、その予言は「国王が寺塔を建立するだろう」という内容であったという。だが、これも太子の名に便乗して、寺院を修復してもらおうとする寺僧の自作自演であったことが発覚している。

このように『日本國未来記』は、聖徳太子の威光を借りて、個人の願望などを実現する手段に使われた、との見方が強いのである。

◉南淵書《なんえんしょ》

著作者 南淵請安

成立年代 七世紀半頃？
出版年 一九二二年

【概略】 大化の改新を促した理想社会構築の教科書

南淵請安《みなみぶちのしょうあん》は推古天皇時代の学問僧で、六〇八年に小野妹子とともに遣隋使として隋に留学し、三二年間、当地で学ぶ。やがて隋が滅び、唐が建国にいたるまでの様子を間近で見聞しながら、先進の学問や知識を身に着けて帰国した。

この請安が記したとされるのが『南淵書』であり、この書を携え請安が開いた塾で学んだのが、中臣鎌足《たかとみのかまたり》と中大兄皇子《なかのおおえのおうじ》だった。内容は、鎌足と中大兄が請安の許《もと》で重ねた質疑応答の記録であり、請安は二人に「大同社会」について説明している。

大同社会とは古代中国の思想家・孔子によって唱えられた理想社会で、人はみな平等で、財産は共有となって生活が保障され、各人が十分に才能を発揮することができ、犯罪も起こらず差別のなくなった平和な社会、いわゆるユートピアをいう。

この思想を説いた後、請安は当時の権力者である蘇我入鹿《そがのいるか》の悪行を数え上げ、入鹿を倒して社会改革を起こすべき、と二人を諭す。その結果、鎌足と中大兄が中心となって、六四五年に蘇我氏打倒のクーデター「乙巳《いっし》の変」が起こり、「大化の改新」へ繋がっていったとされている。

【解題】国家改造論者に支持された昭和維新のバイブル

ただ、請安の著作は一つも現存せず、大化の改新に何らかの役割を果たした証拠もない。それどころか、請安はクーデター前に死去しているとの説もある。それでも『南淵書』は存在したとし、内容を校訂・修訂して刊行したのが権藤成卿《ごんどうせいきょう》だ。

成卿は反明治政府派の思想家で、日清・日露戦争を経て、世界の中の日本を模索する世情の中で、独自の政治思想のもとに生きた人物である。成卿は一九二〇年に『公民自治本義』を発表しているが、その中で唱えたのが「社稷《しゃしょく》国家の自立」だった。「社稷国家」の「社稷」とは、農民が日々暮らしを立てている営みのことをいう。そして、その根本を成卿は『南淵書』にある大同社会に求めた。

成卿によると、中臣家の秘伝であった『南淵書』は、江戸時代初期の元禄《げんろく》時代に流出し、成卿の先祖である漢学者・権藤宕山《とうざん》の手に渡り、それが代々権藤家に伝わったとする。成卿は父の遺言により、原書に手を加えて「日本最古にして大化改新の原動力」という鳴り物入りで、一九二二年に世に出した。

発表後は偽書であるとされ批判を浴び黙殺されたが、一部の人間には受け入れられ、時を経て「昭和維新」のバイブルとして扱われることになる。つまり、大化の改新のようなクーデターを目論む、強硬派の右翼にもてはやされたのである。ちなみに、『南淵書』を出す際に協力した小沢打魚《だぎょ》は、アジア主義右翼団体「黒龍会」きっての博識家と知られている。

人間を本性のまま放置すると、衣食住の充足感と男女間の性愛を満たすため、おのずと自治的な共同体ができあがるはずだと成卿は考え、「国家」というものは対外的に便宜上必要なものでしかないという認識を持つ。そのためにも、前述した社稷国家の実現のために、農民自治主義が成立するための制度を作るべきだと考え、制度を研究する「自治学会」や「制度学研究会」を主宰する。

成卿は、決して農民によるクーデターを煽動していたわけではない。しかし、農民自治の制度が崩れた場合のみ、革命を起こすことを良しとしている。つまり、大化の改新は、社稷という思想を再度制度化すべく起こした革命という点で、成卿の理想を実現したクーデターであったのだ。

談山神社所蔵

『多武峯（とうのみね）縁起絵巻』より蘇我入鹿の暗殺を描いた場面（乙巳の変）。太刀を振り上げているのが中大兄皇子（後の天智天皇）、弓を手にしているのが中臣鎌足（後の藤原鎌足）

成卿が大正から昭和の政府に求めていたことは、結局のところ、かつてのような共同体的な農村を再建するという、実にシンプルなものであった。

だが、昭和初期に多発する「血盟団事件」や「五・一五事件」といったテロに、『南淵書』が影響を与えたのは確かであり、成卿はこれら昭和維新とされる決起に思想的影響をおよぼしたとして、一九三二年に投獄（後に無関係が証明されて釈放）されている。

◉金剛峯寺建立修行縁起《こんごうぶじこんりゅうしゅぎょうえんぎ》

著作者 仁海？

成立年代 九六八年

［概略］弘法大師（空海）の伝承・伝説を伝える縁起書

唐から真言密教を持ち帰り、高野山金剛峯寺《こうやさんこんごうぶじ》を開いた弘法大師（空海）。聖徳太子に比肩する伝説の多い人物で、「独鈷《とっこ》で地を突くとそこから水が溢れ出てきた」「数多くの温泉を発見した」など、その数は全国各地に五〇〇〇以上存在するそうだ。その中でも「空海入定《にゅうじょう》説」は究極の伝説だろう。

「入定」とは真言密教の言葉で、煩悩《ぼんのう》を捨て去り精神世界にいたるために食は摂らず、座してその姿勢を崩さぬまま、肉体のみをこの世に残す究極の修行を指す。空海は八三五年に入滅し、その後一〇〇年以上経ってから即身仏になったという入定伝説があり、様々な文献で記されている。

平安時代の歴史物語『栄華物語』では、時の権力者の藤原道長《みちなが》が空海の入定を目撃したという記述があり、同時代の説話集『今昔物語集』には、真言宗の僧・観賢《かんげん》が、高野山の御廟《ごびょう》の石室で即身仏を見たと書かれている。そして、この空海入定説が初めて登場するのが『金剛峯寺建立修行縁起』（以下『縁起』）である。

『縁起』は空海の一代記であり、金剛峯寺を建てた経緯を説明するものだが、「天竺の聖人が胎中に入り来るのを夢見て」空海を身ごもった。五〜六歳児の空海が「八葉《はちよう》の蓮華《れんげ》の中に坐して諸仏とともに語らう」夢を見たが、父母には内緒にしていたなど、神秘的な話が満載。空海が宮中の「神泉苑《しんせんえん》」で雨乞いを行ったところ、「長さ八寸（約二四センチ）ばかりの金色の龍王が九尺（約二メートル七〇センチ）ばかりの蛇の頂に」乗って現れたが、それは天竺の善女龍王《ぜんにょりゅうおう》だった、という伝承も記され、真言宗の拠点として高野山を選んだのも、唐からの帰国前に仏具である三鈷杵《さんこしょ》を東の空に向けて投げたところ、後に高野山で見つかったからだと伝えられている。

【解題】『今昔物語集』などの説話文学に影響を与えた空海伝

空海について書かれた最も古い文献は、入定する六日前に、弟子や信者への戒《いまし》めを記したとされる『御遺告《ごゆいごう》』だ。そして、空海について記した文献は基本的に、この

『御遺告』になぞらえて書かれており、『縁起』も同じ形を取る。『縁起』の中には、当時の高野山の僧坊の有様などについて書かれているが、入定をはじめとする伝説は、その後の説話文学に影響をおよぼしたと考えられている。説話文学の代表格ともいえる『今昔物語集』には空海の話が二話収められているが、そのうち「第十巻第九」などはほぼ全文が『縁起』と同じなのだ。

例えば、『縁起』で「唐宮丙有三間壁　義之手跡破損以後　修理二元无人下筆　唐帝下勅日本和尚令書」と語られる部分は、『今昔物語集』では「亦《また》、宮城ノ丙ニ三間ノ壁ニ手跡有リ、破損ジテ後、人筆ヲ下シテ改ル事无《な》シ。天皇、勅《ちょく》ヲ下テ、日本ノ和尚ニ令書ム」と、仮名交じり文に改めただけの記述が続く。また、同じような内容でも異なる記述が行われているものもあり、『縁起』には入定後の空海について、四九日後にも髪や髭が伸びた状態だったとだけ記されているが、『今昔物語集』では前述したように、観賢が即身仏になった様子を目撃したことを詳細に書いている。

『縁起』は、空海が没した一三四年後の九六八年に成立し、作者は真言宗小野流の祖・仁海《にんがい》だとされている。だが、『縁起』そのものには仁海の名は記されていない。一七二七年に写されたとする高野山大学図書館三宝院文庫本をはじめとした江戸時代

国立国会図書館所蔵

国立国会図書館所蔵

右は密教を確立し天才宗教家として現在も崇敬されている空海（「弘法大師壱千百年記念展覧会栞」より）。左は『弘法大師行状記図会 下巻』所載の奥之院へ入定する空海の挿画（一音 編・中村風祥堂より）

の伝本に「仁海著」とあるため、作者としているに過ぎない。

だが、仁海が記したとすれば、興味深い推論が成り立つ。仁海は廃れつつあった高野山を藤原道長に参拝してもらうことで再興を果たした人物である。つまり、空海入定の伝説を広めることが、再興の目的だったのではないか、とも考えられているのだ。

現代でも、高野山奥之院《おくのいん》の御廟には空海の即身仏が安置されているという伝説が根強く残っている。なお、御廟の扉は九一〇年以降、一度も開かれたことがなく、今後も開かれることはないとのことだ。

◉玉《たま》造《つくり》小《こ》町《まち》子《し》壮《そう》衰《すい》書《しょ》

著作者 空海？

成立年代 平安中期〜後期

[概略] 絶世の美女の零落を通して描く仏教説話

物語は、主人公が街中を徘徊する老女に出会い、問答をするところから始まる。

「老女の容姿はやせ衰え、髪は枯れたヨモギのようで肌は凍って萎びたナシに似ている。骨格は飛び出て筋が浮き出し、顔は黒く歯は黄ばみ、裸足で着るものもなく、声は震え、満足にしゃべることもできない。足が不自由で歩くことができず、食べ物はすでに尽き、朝晩の食事も難しく、その日を生きて過ごせるかどうかもわからない」

全文が漢詩文なので現代風に訳したが、老女が悲惨な姿で描写されているのは間違いない。そして、主人公が親兄弟について訊ねると、老女は次のように答える。

「若い頃は美貌を誇って贅沢な暮らしをし、王妃にもという声もあった。だが、親兄弟の死から零落していき、猟師の妾となり貧困の中育児をしたが、夫婦仲も険悪で荒廃した生活を送った。今はわが身の不幸を嘆き仏の導きを願っている」

これを聞いた主人公は世の無常を老女に説き、老女は極楽浄土へ行くことを願う。実はこの老女こそ、クレオパトラ、楊貴妃《ようきひ》と並ぶ絶世の美女・小野小町《おののこまち》であり、その落魄《らくはく》した姿を描いたのが、『玉造小町子壮衰書』である。

【解題】小野小町と玉造小町の別人説と空海の作者説

そもそも小野小町に関しては、美女というだけで、その実像はほとんど解明されていない。『百人一首』にも選ばれた「花の色は　うつりにけりな　いたづらに　わが身世にふる　ながめせしまに」という歌を残し、和歌に秀でた六人を指す「六歌仙」の一人に数えられるにもかかわらずだ。

鎌倉時代に藤原信実《のぶざね》が描いた『三十六歌仙絵巻』でも、小町は後ろ向きで顔が見えず、実は小町が詠んだとされる歌も、一八首しかない。しかしながら、その歌で表現される世界には豊かな情感と柔らかく女性らしい調べが漂い、世の男性を魅了した。その姿は憧れの女性像となり、小町にはたくさんの伝承が各地に残り、生誕地や墓所といった史跡も全国に存在するほど広がりを見せている。

そんな小野小町の惨めな姿をさらした『玉造小町子壮衰書』は平安中期から後期に成立したとされ、現存最古のものは一二一九年の写本である。作者には様々な説が存在しているが、なかでもよく挙げられるのが空海である。

ではなぜ、作者が空海といわれるのか。小野小町の生没年は不詳だが、九世紀頃の人物だとされる。一方の空海は八三五年に入滅。老いた小町と出会うどころか、執筆されたとする時代からも外れている。にもかかわらず空海説があるのは、一つは小野小町と玉造小町が別人であり、玉造小町と出会ったときのエピソードを空海が残し、第三者がそれをまとめた、ないしは発見したというもの。さらには、空海は仏の生まれ変わりだから未来記を書くことができたというものまである。そして、空海説が根強いのは、空海と『玉造小町子壮衰書』の記述には共通の思想が見えるからだ。

空海には『九想詩《くそうし》』『十喩詩《じゅうゆし》』『生死海賦《しょうじかいのふ》』などの著作があるが、そこには人が負うべき試練「老・病・死・苦」が説かれている。むろん、これは空海の発案ではなく、仏教関連書の多くで説かれているものであり、それだけの理由で空海説が広まったわけではない。これらの著作と『玉造小町子壮衰書』の類似性が、空海の作者説を強めたとされている。

都立中央図書館特別文庫室所蔵

図版は小野小町の老残な姿を描いた月岡芳年の『月百姿』『卒都婆の月』。「小野小町物語」の副題を付けた現代語訳版が岩波文庫より出版されている

なお、玉造小町と小野小町の別人説は、研究者の間でも論じられているが、小野小町に「わすれやしぬるとある君だちののたまへるに　みちのくの玉つくり江にこぐ舟の　ほにこそ出でね君を恋ふれど」という歌がある。この「玉つくり」は陸奥国《むつのくに》玉造郡（現宮城県大崎市）のことで、陸奥には小野小町が放浪の後、野垂れ死にし、公家である在原業平《ありわらのなりひら》によって髑髏《されこうべ》が発見される伝説が残っている。『玉造小町子壮衰書』の作者は、やはり老婆を小野小町とし、陸奥の小町伝説になぞらえ、仏教観を説いたと考えられるのである。

◉常盤御前鞍馬破《ときわごぜんくらまやぶり》

著作者 不明

成立年代 江戸時代

[概略] 女人禁制の鞍馬山に乗り込んだ源義経の母

常盤御前《ときわごぜん》は「源平合戦」という国内を二分した大規模な内乱を語るうえでも主要人物だが、史実として残っているものが少なく、主に物語や芸能の中で語り継がれてきた。常盤は源氏の棟梁だった源義朝《よしとも》の側室であり、子には今若、乙若、牛若がいた。才色兼備といわれ、浄瑠璃では常盤を語った写本が多く存在するが、この『常盤御前鞍馬破』も、そのうちの一つである。

一一五九年の「平治《へいじ》の乱」で義朝は敗れ、家臣の裏切りに遭って討たれてしまう。その後、常盤は勝者である平清盛《きよもり》のもとに赴くが、七歳になった牛若（後の義経）を「学問のためニ、鞍馬山へ登らせん」と思い立つ。しかし、常盤は「別当（寺務長官の知恵うすくしてハ為登たる迚《とて》も益もなし」と考え、高僧がいるかどうかを確かめに、鞍馬山へ乗り込んでいく。しかし、鞍馬山は女人禁制で別当の東光坊《とうこうぼう》阿闍梨《あじゃり》は常盤を見つけて睨みつけ、「此山へ女参詣仕れば、たちまち御山くらやみ入、都ニらんけき（争乱）をこる也」と脅す。しかし常盤は怯まず、「跡かたなき偽り」とはねつけ、阿闍梨が「（剣で）八つさきニせん」と言えば、「人の命をとらんとハ、（鞍馬は）慈悲の山ニハあらずして、殺生の山ニハきわまりたり」と一歩も引かない。

その後、阿闍梨は女人の不浄を説いて常盤を帰そうとするが、常盤は逆に阿闍梨を論破し、自分の素性を述べる。その上で牛若を弟子にと申し出ると、阿闍梨は喜び、同時に女人禁制も解いたのである。

〔解題〕口承で受け継がれた民俗芸能の物語

主に「奥浄瑠璃」で語られた『常盤御前鞍馬破』。ちなみに奥浄瑠璃とは、東北地方で広く行われた語り物の民俗芸能をいう。また、タイトルにある「鞍馬破」は、鞍馬山の女人規制を破ることを指している。

『常盤御前鞍馬破』には、幸若舞《こうわかまい》の『常盤問答』や古浄瑠璃の『常盤物語』と類似している点が見られる。一六二五年頃の作品とされる『常盤物語』は、いくつかの舞曲や御伽草子《おとぎぞうし》に依ったものとされており、その初段部分は『常盤問答』と近い内容だ。しかし、『常盤物語』と『常盤御前鞍馬破』には存在するが、『常盤問答』に記述のないものもある。

つまり『常盤物語』は、『常盤問答』など古くから伝えられていたものを集め、さらにその内容をより深くドラマティックにしたものが『常盤御前鞍馬破』といえ、成立もその後だと考えられている。

例えば、阿闍梨が常盤と初めて会う場面は、『常盤問答』と『常盤物語』では勤行《ごんぎょう》の際に偶然出会ったとなっているが、『常盤御前鞍馬破』では常盤が鳴らした鐘の音を聞いて女人が訪問したことを察知し、弟子を派遣した後、阿闍梨が赴いたと語られている。ほかにもこのような違いは存在し、どのような意図で『常盤御前鞍馬破』が出来上がったのか、謎は深まる。

また、『常盤御前鞍馬破』の異本とされる『嘉応二年の春のころ』というものがあり、鞍馬破の年代が「嘉応二（一一七〇）年」とされている。史実では義経が入山したのは一一歳頃とされているので、オリジナルである『常盤御前鞍馬破』より正確だといえる。『常盤御前鞍馬破』にある七歳というのは、義経を中心に描いた軍記物

都立中央図書館特別文庫室所蔵

歌川国芳が描いた常盤御前（『賢女烈婦伝』『常盤御前』）。平治の乱で源義朝が殺害され、平家の追手から逃れるために雪の中を三人の遺児を連れて大和国へ向かう姿を描いている

『義経記《ぎけいき》』によるものと考えられるが、なぜ『嘉応二年の春のころ』が史実に近い表記になったかは不明だ。ただし、『嘉応二年の春のころ』には、下山したはずの常盤が女人禁制の戒めを破った「因果」によって、後に山賊に殺されるというエピソードがあり、これは史実と異なっている。

このように、『常盤御前鞍馬破』をはじめとする奥浄瑠璃は、古浄瑠璃の影響を受けつつも、自由に翻案した遊び心のようなものが感じられる。しかし現在、奥浄瑠璃の伝承者は途絶えてしまい、往時のように『常盤御前鞍馬破』を語る人はいなくなっている。

◉浦《うら》島《しま》子《この》伝《でん》

著作者 不明

成立年代 平安時代

【概略】「回春」および「不老不死」の指南書

数ある日本の昔話の中でも、『浦島太郎』は、非常に謎に満ちている作品である。とくに「竜宮城で遊び、自分の世界に戻ってきて玉手箱を開けると白い煙が立ち上り、老人になってしまった」というくだりは、様々な解釈がなされている（ちなみに、その後の太郎は鶴になって飛び去っていく）。しかし、この昔話の歴史を遡っていくと、実はもっと大きなテーマがあったことが分かる。

浦島太郎が現在のような内容になったのは、実は明治時代。国定教科書に載せるため、子ども向けにアレンジされたものなのだ。そして、国定教科書の内容は、「タイやヒラメの舞踊り」で有名な文部省唱歌がもとになっているのだが、唱歌の源流こそ『浦島子伝』とその続編である『続浦島子伝』だとされている。そして、この両書では、浦島太郎は乙姫や海の生き物たちとの「宴会」に興じていたのではなく、乙姫によって若返りの仙薬や性愛のテクニックを施され、仙人として「回春」および「不老不死」の修行を積んでいたという、驚きの内容にたどり着くのである。

浦島太郎らしき人物が日本の文献で最初に登場したのは『日本書紀』と、驚くほど古い。しかし名前は「浦島太郎」ではなく「浦島子」であり、さらに実在の人物として登場するのである。

ただ、そこには「浦島子が亀に化けた女性と結婚し、蓬莱山に行った」という簡単な内容のみで、「帰ってきた」というくだりはない。ここから様々な伝承や地方の逸話が混在し、現在の「亀を助けて竜宮城に行き、もてなしを受け、帰郷して玉手箱を開けたら歳を取った」という形に進化していくのである。

〔解題〕神仙《しんせん》思想に基づく日本最古の官能小説

『浦島子伝』の正続二巻は平安時代に書かれたものであり、前述の通り、非常になまめかしい内容である。同書で浦島子（浦島太郎）は漁師ではなく「仙人」として登場する。そして、亀を助けるのではなく、亀に身を変えた姫と出会い結婚するのだ。さらに姫と興じたのは、タイやヒラメの踊りではなく、セックスである。

唱歌の歌詞にある「タイやヒラメの舞踊り」のタイは「綢繆《ちゅうびゅう》」の「綢」という字を「鯛」に置き替えたとされるが、綢繆とは体をもつれ合わせること。ヒラメの古語「魚比目」もやはり「対面側臥位《たいめんそくがい》」という体位を示すものとされる。とくに『続浦島子伝』には、このような姫や神女たちと浦島子の交合が具体的に記されている。その内容から、「日本最古のポルノ小説」とも評されることもあるが、当時平安貴族たちは、これをポルノのみの目的として楽しんだわけではなかったようだ。

平安時代は「道教」による神仙思想が広がっていた。そして、貴族たちの多くが不老不死の霊薬を欲しがり、仙人への憧れを抱いていたのである。しかも、『浦島子伝』に登場する男女交合における秘儀は、どれも平安時代に記された医学書『医心方《いしんぽう》』に登場するもので、不老不死と若返りをもたらす秘術だとして、もてはやされていた。

さらに『浦島子伝』で特徴的なのが、時間の捉え方だ。たった三年だと思っていた姫との蓬莱山での暮らしが、実は三〇〇年経っていた、というくだり。このような「不老不死」の世界と、無情に時が流れる現実との対比は、中国で当時流行していた「神仙伝奇小説」に見られる特徴で、『浦島子伝』の著者（丹波国《たんばのくに》の国司であった伊預《いよ》

都立中央図書館特別文庫室所蔵

浦島子が訪れた宮殿の場所は書物によって違い、山上（蓬莱山）と海底（竜宮）の二つに長らく分かれていた。図版は月岡芳年の『芳年漫画』より『浦島之子帰国従竜宮城之図』

部馬養《べのうまかい》の説あり）は、これを参考にし、神仙思想を組み込み、伝説から一つの「物語」に仕上げた、という解釈もある。

時代の変遷や風潮を反映しながら伝えられ続けてきた浦島太郎伝説だが、ラストの玉手箱の中身については論争が続き、時にパロディのネタにもなっている。『南総《なんそう》里見八犬伝《さとみはっけんでん》』で一世を風靡した曲《きょく》亭馬琴《ていばきん》は、『竜宮苦界玉手箱《たつのみやこくがいのたまてばこ》』という作品で、玉手箱の中から出てきたのは、今まで遊びほうけた分の「請求書」だというオチをつけている。

●column

九州説と畿内説が有力視されているが、現在も解明できない邪馬台国の所在地

二世紀から三世紀頃、当時倭国《わこく》と呼ばれていた日本に存在し、女王卑弥呼《ひみこ》によって統治されたとされる「邪馬台国《やまたいこく》」。その内情は中国の歴史書『三国志』東夷伝倭人条《とういでんわじんのじょう》（以下『倭人伝』）に詳しく記されている。しかし、その位置については、近畿地方にあったとする「畿内説」と「九州説」に大きく意見が分かれ、そのほかにも四国説や新潟説、同じ九州でも福岡説や宮崎説、さらに琉球説やインドネシアのジャワ説など、比定地をめぐる学説は多い。これら「邪馬台国論争」が起きている大きな要因は、『倭人伝』に記されている距離と方角に問題があるからだ。

距離と方角で相違する邪馬台国の位置

『倭人伝』によると、朝鮮半島にあった帯方郡《たいほう》から邪馬台国までの距離は「一万二〇〇〇余里」。当時の一里は約四三〇メートルとされているので、邪馬台国までの距離

提供：桜井市観光まちづくり課

奈良県桜井市にある箸墓古墳（はしはかこふん）。卑弥呼の墓と考えられており、畿内説の根拠として注目されている

は約五〇〇〇キロメートルということになる。そして、対馬、壱岐を経て九州に上陸し、小規模のクニを経て邪馬台国に到着する行程はほぼ南へ向かっており、記載通りに進むとなると九州はおろか、インドネシア付近にまで達してしまう。

　では、この膨大な距離をどう解釈するのか？　その問題を一里が八〇メートル前後にすることで、解決しようとする考えがある。これだと『倭人伝』に書かれている末盧《まつら》国、伊都《いと》国、奴《な》国、不弥《ふみ》国、投馬《とうま》国、そして邪馬台国や邪馬台国の南にある狗奴《くな》国は全て九州に収まることとなり、九州説が有利だ。

再考される邪馬台国とヤマト政権との関連性

一方、畿内説を唱える研究者は「距離が誤っているのであれば、方角も間違っている可能性がある」とし、九州上陸から南へ向かうとする記述内容を「東へ向かった」と解釈。これによって比定地を大和盆地に求め、邪馬台国とヤマト政権は同じだとした。したがって、三世紀の日本にはすでに統一国家が存在したと論証している。

これに対し九州説では、距離はともかく方角を誤れば点在した各クニに到着することは困難で、航海ともなれば遭難する恐れもあるとして否定。この距離や方角以外でも、それぞれがそれぞれの根拠を示し、未確定なまま現在にいたっている。

だからといって、当時の日本で国家として成り立っていたのが、邪馬台国周辺のクニだけとは限らない。中国の王朝に朝貢《ちょうこう》せず、独自の文化を誇ったクニが、中国地方や畿内にあったとしても、何ら不思議はない。

すなわち、邪馬台国がヤマト政権の祖でなかったとしても、大和盆地には同等かそれ以上の規模の別の国家があり、それが後のヤマト政権に発展したとも考えられ、畿内説の根拠となる遺跡が邪馬台国以外の王朝のものである可能性も否めないのだ。

第三章

鎌倉時代から戦国時代

鎌倉から戦国時代を生き抜いた武将たちの逸話は、それに基づいて制作された大河ドラマや歴史小説を通して、私たちの歴史観に大いに影響を与えイメージを定着させた。しかし、秀吉の出世のきっかけとなった「墨俣一夜城伝説」、さらには武田信玄対上杉謙信の一騎討ちなど、私たちが史実として認識していた物語が、実は話を誇張しただけではなく「事実すらなかった」としたら……。今までの常識が揺らぐ「歴史書」を紹介。

◉成吉思汗《じんぎすかん》ハ源義経《はみなもとのよしつね》成《なり》

著作者 小谷部全一郎

出版年 一九二四年

［概略］大正期に突如現れ、大人気となった珍説

日本史の奇説の中でも、いまだ根強い人気を持つ「義経＝ジンギス・カン伝説」。源義経は衣川館《ころもがわのたち》で奥州藤原氏の襲撃を受けて自害したのではなく、実は蝦夷《えぞ》地（現北海道）に逃げ延び、さらには大陸に渡ってジンギス・カンと名乗りモンゴル帝国を築いた、という内容だ。

この突拍子もないような学説を一般に広めたのが、大正末期に出版された『成吉思汗ハ源義経也』である。作者の小谷部全一郎《おやべぜんいちろう》は、日本で初めてアイヌ人の実業学校を設立した志の高い牧師ではあったが、歴史学者としてはまったくの素人であった。ところが、この本は再版一〇回を越える大ベストセラーになる。そして、熱狂的な支持者を得る反面、言語学者の金田一京助をはじめとする学者たちから激しい批難を浴びたのだった。

しかし、それも無理はなく、小谷部がこの本で義経とジンギス・カンを関連付けた根拠として挙げたのは、言葉の語呂合わせや、義経の特徴とモンゴル人の共通点を無理やり列記するなど、かなり強引な内容だったからだ。例えば、ジンギス・カンの幼名「テムジン」は「天神」、「ジンギス・カン」は「源義経」を音読した「ゲン・ギ・ケイ」から発展したもので、父の名「エゾカイ」は「蝦夷海」に由来する、といったものである。さらには、ジンギス・カンと義経の四年もの生年のズレすらも「ほとんど一致」と断定している。

【解題】大陸進出を正当化するために利用された英雄譚

このような、ご都合主義の部分が『成吉思汗ハ源義経也』には多くあった。それでも、この本が受け入れられた背景には、活躍をねたまれて兄（頼朝）に追われるという、薄幸の若武者に対する「判官《ほうがん》びいき」もさることながら、当時の国家主義が深く関係している。

この本が出版された一九二四年の前後、関東大震災の影響もあり経済的不況に立たされていた日本は、中国大陸での利権に活路を求めていた。それにあたり、大陸への開拓・進出を鼓舞する、もしくは大陸侵略を正当化する「歴史的大前提」を国が模索していた時期でもあった。そこに、「アジアを征服した偉人（ジンギス・カン）が実は源義経（日本人）だった」という小谷部の解釈は、政略的に大いに利用できた。さらに、清朝を開いた北方の満州民族もジンギス・カン＝義経の子孫であり、そもそも「清」という国の名も義経の家系である「清和《せいわ》源氏」から取ったものだとする部分も、侵略の理由付けとして都合がよかったのである。

ただし、「義経＝ジンギス・カン伝説」を提唱したのは、小谷部が初めてではない。しかも、彼は決して偏向的な信条だけで、この奇説を立てたわけではなかった。

義経不死伝説は、古くは室町時代から語られていた。義経は日本人が最も好むタイプの薄幸なヒーロー像であり、その人気により古くから生存説は数々伝えられていたのだ。江戸時代にも、蝦夷地を領有していた松前藩がアイヌ民族を支配するために「義経が蝦夷に渡りアイヌの王になった」という伝説を利用している。

さらには、偽系図作りで有名な江戸時代の著述家・沢田源内《げんない》が「義経＝ジンギス・カン説」の原型となる『金史別本《きんしべっぽん》』を作成する。この書は義経が中国大陸に渡ったと

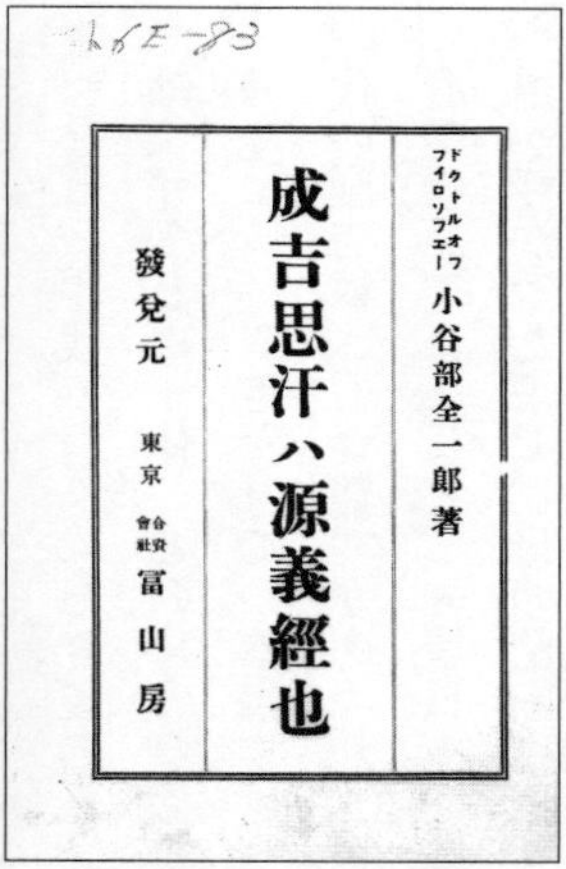
ドクトルオフフイロソフエー 小谷部全一郎著

成吉思汗ハ源義經也

發兌元 東京 合資會社 冨山房

国立国会図書館所蔵

水戸藩編纂の『大日本史』ではアイヌの神となったと記述されている源義経。
右の図版は 1924 年に刊行された『成吉思汗ハ源義経也』(冨山房)

する内容だったが、儒学者の新井白石《はくせき》から偽作として批難された。

ところが明治時代になると、伊藤博文の側近であった末松謙澄《すえまつけんちょう》が、ねつ造と断定されていた源内の説に、大陸で英雄になったというエピソードを加えた論文をイギリスのケンブリッジ大学在学中に匿名で発表。その翻訳された論文が日本に入り、小谷部が資料として読み、さらに独自の解釈を組み入れたのが『成吉思汗ハ源義経成』だったのだ。

なお、小谷部の義経愛はかなり深かったようで、一九二九年には私財を投じて、義経の側室・静御前《しずかごぜん》の所縁の地に「義経招魂碑」を建立している。

◉弁《べん》慶《けい》物《もの》語《がたり》

著作者 不明

成立年代 室町時代

[概略] 異形の鬼子《おにご》として生まれた義臣の一代記

歴史上の人物で日本人が好きな英雄の中でも、常にトップランクに位置しているのが源義経だ。と同時に、「膝元去《ひざもとさ》らず」であった義経の忠実な家臣である武蔵坊弁慶《むさしぼうべんけい》もまた、人気者の一人だろう。弁慶には「弁慶の泣きどころ」「内弁慶」「弁慶の立往生」など、現代の我々にも弁慶の逸話に由来した言葉が広く浸透している稀《まれ》な人物だ。では、弁慶とは一体、どのような人物だったのだろうか。

弁慶について書かれている書物は、義経の悲劇的な人生を描いた『義経記』や鎌倉時代の歴史書『吾妻鏡《あずまかがみ》』があるが、この『弁慶物語』もその一つだ。

『弁慶物語』によると、弁慶は五〇歳近くまで子のなかった熊野の別当（寺務長官）夫婦が授かった子で、母の胎内に三年もいて、生まれたときには髪が長く、歯も生えていたという異形の「鬼子」として生まれた。別当は弁慶を山に捨てるが、京都五条の大納言に拾われ、比叡山《ひえいざん》で修行を積む。しかし、あまりの乱暴狼藉に手がつけられなくなり、山を追われてしまう。

そんな弁慶だが、比叡山を追われても懲りることなく、「日本国を回りて、諍《いさか》い修行をいざやせん。天が下に弁慶ほどの者なくは、唐土《とうど》へ渡り、七御門（中国戦国時代の七カ国）のうちを回」るという破天荒ぶりだった。

[解題]「弁慶」を作り出したかもしれないライトノベル？

『弁慶物語』は、後崇光院貞成親王《ごすこういんさだふさしんのう》の日記『看聞日記《かんもんにっき》』の一四三四年一一月六日の文中に「武蔵坊弁慶物語二巻」という記述があるため、それ以前に成立したとみられている。また、この『武蔵坊弁慶物語』に近いといわれているのが『弁慶物語絵巻』である。弁慶を主人公にした現存する書物の中では最古のものであり、『弁慶物語』と一致する点が多い。そのため、この絵巻を参考にして書かれた物語だと指摘する説もある。

「衣川の合戦」で、義経を守るため全身に矢を受けたエピソードをはじめ、弁慶の逸話はお馴染みだが、弁慶についての実像は不明な点が多く、「源平合戦」の代表的書物といえる『平家物語』でも、わずかに名前が出る程度。『吾妻鏡』にはわずか二カ所、主に風貌について書かれているのみで、弁慶絡みのエピソードの多くは『義経記』で描かれている。実際『義経記』の第三巻はほぼ弁慶の記述であり、今日浸透している弁慶像もここからきているものがほとんどだ。

確かに『弁慶物語』は『義経記』の内容を踏襲しているが、まったく異なる記述もある。例えば、有名な義経と弁慶の出会う舞台は、『義経記』や『弁慶物語』の写本版では清水寺《きよみずでら》となっているが、従来親しまれてきた『弁慶物語』の刊本では五条大橋（牛若丸が橋の欄干を飛び移りながら、弁慶の長刀《なぎなた》をかわす場所）となっている。

さらに『弁慶物語』には『義経記』にない、太刀や具足を調達した話、渡辺館で財を乞い、強盗を退治した話なども書かれている。また、母の胎内にいた期間は『義経記』では三年ではなく、一八カ月としている。

弁慶に関するこのような人物像は、昔話・伝説だけでなく、現在でいう「大衆文学」や「ライトノベル」に通じる「御伽草子」として語られ、やがて浄瑠璃や歌舞伎の演目で広まり、歌舞伎の十八番《おはこ》『勧進帳《かんじんちょう》』でイメージが確立していった。

国立国会図書館所蔵

1651年に刊行された整版本の『弁慶物語（2巻)』より、右が「太刀千本取り」で侍から刀を奪う弁慶。左は義経との決闘に敗れ主従の関係を結ぶ弁慶

しかし、義経は史料での確認ができるのだが、弁慶に関してはわずかな記録しか残っていないため、その実在を疑う説もある。そのうえ、鎌倉時代にはほとんど弁慶については語られておらず、『義経記』の成立が南北朝から室町時代といわれているが、この頃になってようやく民衆の間に弁慶の存在が認識されるようになったのである。

その後は、時代によって少しずつニュアンスを変えながらも、能や歌舞伎、そして映画やドラマなどで義経に忠義を尽くす弁慶の姿が描かれ、今もなお日本人が好む英雄の一人として知られ続けているのである。

◉上嶋家文書《うえしまけぶんしょ》

著作者 不明

成立年代 江戸時代?
発見年 一九六二年

[概略] 観阿弥《かんあみ》の出自をめぐって論争となった文書

室町時代の最盛期を築いた第三代将軍足利義満《よしみつ》の寵愛を受け、能楽を世に広めた世《ぜ》阿弥《あみ》。父親は能楽「観世流《かんぜりゅう》」の創始者である観阿弥だ。そんな観阿弥の出生に関して記された文書が『上嶋家文書』である。

一九六二年に三重県上野市（現伊賀市）の旧家から発見された『上嶋家文書』には、この親子が実は伊賀の出身であり、しかも楠木正成と血縁関係にある、という驚きの内容が書かれていた。文書に所収されていた家系図では、観阿弥の母は正成の姉で、伊賀服部氏族の上嶋元成《もとなり》と結婚し、その三男が観阿弥。つまり、観阿弥は正成の甥《おい》というのである。父の元成は上嶋家に生まれ服部家を継いだので、家系図では観阿弥の本名は服部三郎清次《さぶろうきよつぐ》と記載されている。

『上嶋家文書』を発見したのは伊賀上野の郷土史家・久保文雄氏で、久保氏は伊賀上野の旧地名の調査をしている中で、偶然文書を見つけ驚いたという。そして、その内容の重要さから、十分に検証したうえで紹介したとされる。しかし、その真偽については学界で意見が分かれ、現在では、偽書・偽系図という否定的見解が主流だ。

【解題】伊賀出身から生まれた観阿弥・世阿弥の忍者説

現在の能楽史研究において、観阿弥の出身地は大和国というのが定説だ。根拠となるのは『世子六十以後申楽談儀《ぜしろくじゅういごさるがくだんぎ》』（通称『申楽談儀』）である。これは世阿弥の次男の元能《もとよし》が、世阿弥の芸談の聞き取りをまとめた芸道書で、それを歴史・地理学者の吉田東伍《とうご》氏が翻訳したものである。ここでは観阿弥の生まれは山田猿楽《やまださるがく》の根拠地、大和磯《し》城《き》郡の山田とされているのだ。

しかし、この翻訳版の『申楽談儀』が吉田氏によって発行されたのは一九〇八年であり、これが登場するまでは、『上嶋家文書』の通り、「観阿弥伊賀出生説」が一般的だった。

というのも、世阿弥の甥である音阿弥《おとあみ》の第七子で、やはり室町時代の能楽者である観世信光《のぶみつ》が晩年に記したとされる『観世小次郎信光画像讃《かんぜこじろうのぶみつがぞうさん》』に、観阿弥が伊賀の出生だという記述があったからである。ところが『申楽談儀』が登場することで、世阿弥と世代が大きく離れた信光の著した『観世小次郎信光画像讃』より、世阿弥自身の言葉を残したこちらのほうが信憑性が高いということになり、観阿弥の出自は『申楽談儀』にある「大和説」が主流となっていく。

そんな背景があった末での『上嶋家文書』の発見だった。伊賀出身であり、しかも楠木正成の甥であったという内容は、能楽研究の第一人者である香西精《こうさいつとむ》氏をはじめ、能楽史研究家らから否定された。足利尊氏《たかうじ》の孫の義満が寵愛した世阿弥が、実は尊氏の最大のライバルだった楠木正成の血筋であるなど、あまりにも「できすぎ」というのである。

さらに『上嶋家文書』にある観世家の系図は、偽系図が横行していた江戸後期の古本を書写したものであることが発覚する。このことから、『上嶋家文書』は「江戸期に創作された偽書」と断定されたのだった。

しかし、楠木正成は多くの忍者を抱えていたとされる武将なので、観阿弥が伊賀の出身であれば、ひそかにスパイとして情報収集をしていたという見方もある。独自の

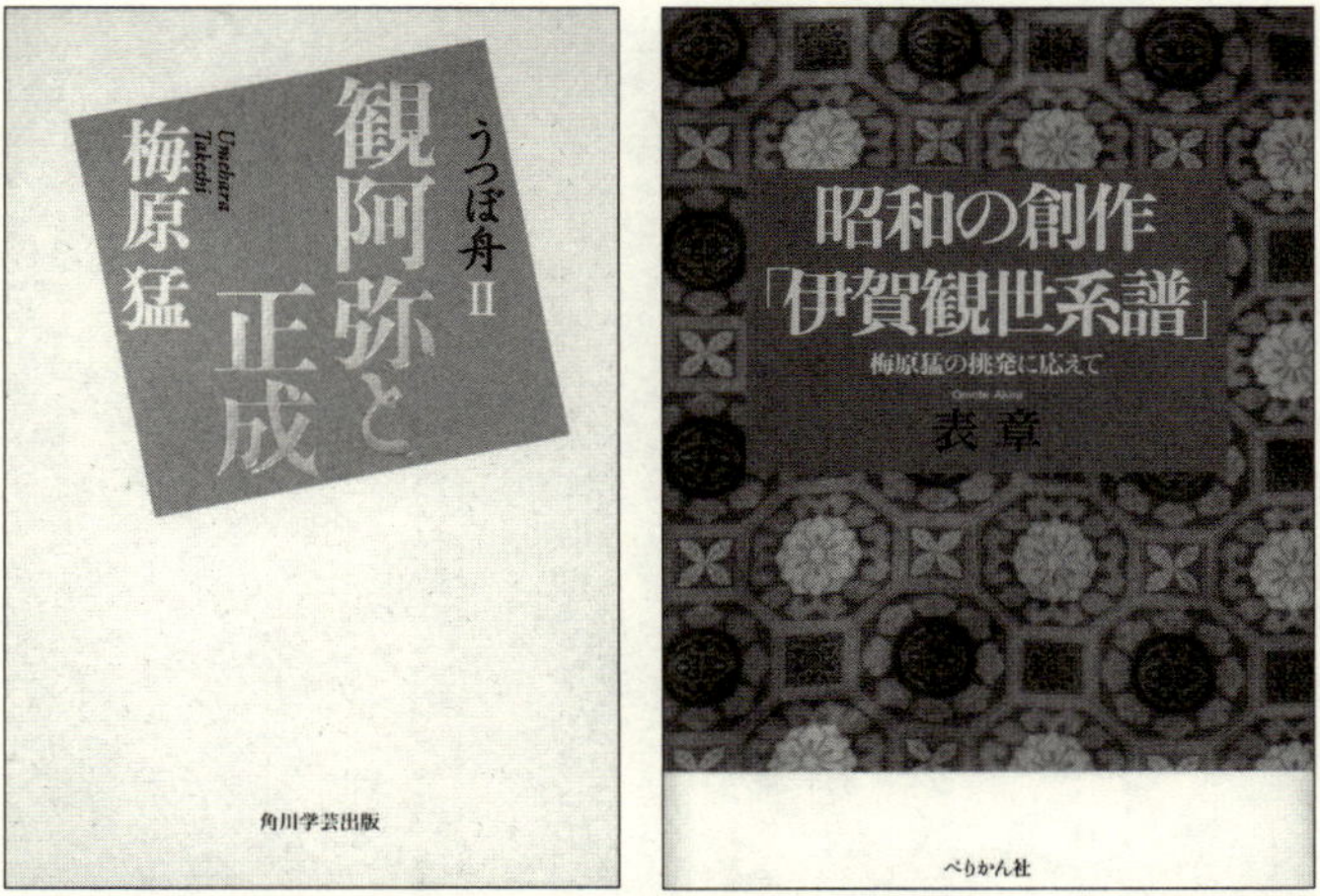

『うつぼ舟Ⅱ　観阿弥と正成』（角川学芸出版）で『上嶋家文書』にある観阿弥と楠木正成の関係性を主張した梅原猛に対して、能楽研究者の表章（おもてあきら）が真っ向から批判したのが.『昭和の創作「伊賀観世系譜」―梅原猛の挑発に応えて』（ぺりかん社）だった

ネットワークを作り、全国各地に赴いて大名らと接触する機会を得ることができた能楽者は、諜報活動の隠れ蓑《みの》として最適な職種であった、というのだ。

このようなことから、観阿弥・世阿弥と伊賀忍者の繋がりに関しては肯定派も多く、『上嶋家文書』は地域史研究でいまだ取り上げられている。

ちなみに、作家の吉川英治や杉本苑子、白洲正子らは『上嶋家文書』支持派であり、吉川英治の『私本太平記』などは、その影響が強く出ている。

◉椿《つば》井《い》文《もん》書《じょ》

著作者 **椿井政隆**

成立年代 江戸時代後半
出現年 一八八七年

【概略】近畿一円の広範囲に浸透している中世古文書

京都府の南部、南山城《みなみやましろ》地域を中心に、東近江、大和北部、河内交野《かわちかたの》郡・石川郡の歴史を語るとき、なくてはならない重要な史料が『椿井文書』だ。

これは南山城地域の荘園領主であった椿井氏の末裔、椿井政隆が地元の中世史を詳細に記したもので、例えば、鎌倉幕府が滅亡した「元弘の乱」において「笠置山《かさぎやま》の戦い」に出陣した南山城地域の武士の氏名が、著名な軍記物である『太平記』ではわずか一名なのに対して、『椿井文書』には計八五名もの武士の名が書かれている。

また、『興福寺《こうふくじ》別院《べついん》普賢教寺《ふけんきょうじ》四至内之図《しいしないのず》』や『興福寺《こうふくじ》官務牒疏《かんむちょうそ》』、『山城国綴喜郡筒《やましろのくにつづきぐんつつ》城《き》郷《ごう》朱《しゅ》智庄《ちしょう》佐賀庄《さがしょう》両惣図《りょうそうず》』など、ほかでは見当たらない史料も多く、種類も豊富である。これら『椿井文書』と呼ばれる数多くの文書は、近畿一円に広がり、存在しているのである。

政隆は明和《めいわ》から天保《てんぽう》（一七七〇年〜一八三七年）にかけての人物で、山城国相楽郡《そうらく》椿井村（現京都府木津川市）に在住した歴史考証家とされる。しかし、『椿井文書』の多くは、一八八七年に末裔によって質入れされている。そして、それらは質入れ先から売却され、関係する地域各所で取り扱われることで広がっていった。とくに南山城地域の中世史に関する文献史料が少なく、なおのこと『椿井文書』が史実を証明する文書として信じられてきた。

また、『椿井文書』は中世の文書や絵図を「模写した」という体裁をとっているため、より一層信憑性が高まったのである。

【解題】いまだ把握できない椿井政隆と偽文書の全体像

しかしながら、実は『椿井文書』への信頼性は研究が進むごとに低くなっている。『仏河原着到状《ぶつかわらちゃくとうじょう》』『吐師河原着到状《はぜかわら》』という、着到状（武士が出陣命令を受けて参着したことを記す上申書）においても、所在地や官途名に疑問点が多く、名のある武士の名も書かれてはいるが、信頼に値するまでにはいたっていない。『椿井文書』で確固たる地位を得ている『興福寺官務牒疏』に関しても、中世史研究者の藤本孝一氏は『中世史料学叢論』の中で次のように述べている。

〈『興福寺官務牒疏』には興福寺、宮内庁書陵部、東京国立博物館の所蔵する、三つの写本がある。このうち興福寺所蔵のものが原本と思われるが、興福寺宝物館長によれば、興福寺本は幕末頃に献納されたもので、興福寺に伝来したものではないという。また装丁・書風などから江戸中期以前にはさかのぼれないともいい、さらに奥書には「嘉吉元年次辛酉《かきつがんねんじしんゆう》」とあるが、「年号・数字・干支・年」という形式は近世のもので、中世であれば「年号・数字・年・干支」としなければならない。この形式は奥書だけでなく本文中にも見られるため、中世古文書の模写とはいいがたい〉

政隆は、椿井家は興福寺官務（事務）家の有力配下の末裔だと自負しており、それを証明するかのように地域の寺社の名を載せて、『興福寺官務牒疏』を通して各地域史の補完関係を築くことで文書自体の信頼性を高めたという説もある。現在でも、「興福寺官務牒疏によると～」などと、地域史資料や寺社の由緒書きなどに記されていることも多い。

京都府田辺町（現京田辺市）の史料である『田辺町史』でも、『椿井文書』に典拠

京都府京田辺市の観音寺（普賢寺大御堂）。『興福寺官務牒疏』には奈良時代に本寺院の境内に「普賢寺」が建立されたと記述されており、これを踏まえて古代寺院遺構の調査が行われた

した内容が記されているが、文書の分布が広範囲にわたることと、作成過程の巧妙さから、全体像が把握できていないのが現状である。

しかし、偽文書であると明確な証拠があるわけでもなく、また、政隆を文書のコレクターとみなし、それらを偽りなく模写したと考える人もいる。

地元の歴史として認識されている『椿井文書』。それは政隆自身と、それらの文書により祖先の事績や利権を示された人々のための壮大な偽史なのか、それとも真正な文書なのか――研究者によって今も『椿井文書』の発掘が続けられている。

◉応仁記《おうにんき》

著作者 不明

成立年代 一四七三年頃

[概略] 応仁の乱の元凶は日野富子《ひのとみこ》にあった

一四六七年に起きた「応仁の乱」は一〇年以上にわたって繰り広げられ、京都の市街地のほとんどが焼き尽くされてしまった。この、戦国時代の幕開けともいえる合戦の顚末を記したのが『応仁記』だ。

また『応仁記』には、応仁の乱の二年前からその翌年にかけ、正体不明の飛行物体が光を放ちながら飛び去ったり、巨大地震が起きたといった怪現象が紹介され、中国南北朝時代の僧侶による、「天皇が百代を越えると、サルとイヌが英雄を称して戦乱を起こし、国中が荒廃する」との予言も記されているが、何よりも今日、「悪女」「守銭奴」と評価される日野富子に関する記述は注目に値する。

室町幕府八代将軍足利義政《よしまさ》の正室である富子は、息子の義尚《よしひさ》を溺愛し、次期将軍にすることに全てを賭けていた。そこで義尚の後ろ盾を、軍事や警察を担った「侍所」の所司（長官）であった山名宗全《そうぜん》（先の予言の「サル」）に依頼。一方、ライバルである義政の弟・義視《よしみ》の後見人は幕府のナンバー2である管領・細川勝元《かつもと》（予言の「イヌ」）だった。この二大勢力が、将軍の跡目争いで衝突して応仁の乱が起こった。

だが、決着がつかない間に宗全も勝元も死去し、政治への興味を失っていた義政は義尚に将軍職を譲る。以降、富子は将軍の母として政治に関与し、幕府に影響力を持つことになった。義政が単身、御所を出て別宅の小川邸へと住まいを移すと、富子は政権を掌握。京都に関所を設け関税を取り、米相場で大量の米を売買して蓄財した、と『応仁記』に書かれている。

［解題］儒教や道徳観念をちりばめ「富子悪女説」を広める

『応仁記』の成立時期は応仁の乱の直後の一四七三年頃だといわれ、作者は不詳だが、歴史学者の家永遵嗣《いえながじゅんじ》氏によると、一〇代将軍義植《よしたね》の頃、管領だった細川高国《たかくに》の周辺にいた人物によって書かれたのではないか、としている。

『応仁記』の中には、足利義政や富子への痛切な批判、応仁の乱の始まりから戦火が拡大する様子が細かく記され、文体は『太平記』に類似。儒教観念や道徳観念が随所にちりばめられていることから、一種の教訓を示唆するものとなっている。しかし、必ずしも史実に則っているわけではなく、史料としての信頼性は低い。

例えば、富子が宗全に後見を依頼したとする出来事は『応仁記』以外の記録には見当たらない。義尚が生まれる前に宗全が諸大名と連携し、その中に義視がいたこと、それを原因として勝元と義視間に確執が生じたことが、本当の要因だとされる。富子が米相場で蓄財したのも、火災で焼けた御所の修繕費や文化芸能のための費用、そして義政の浪費を補完するために使われたともいわれており、必ずしも私欲のために町民を犠牲にしたというわけではない可能性もある。

一方、夫である義政は、将軍とは名ばかりの戦嫌《いくさ》いで、政治への関心もなく、趣味に巨費を投じるような享楽的な人物だった。だが、応仁の乱の中でも激闘となった「相国寺《しょうこくじ》の合戦」で、敵軍が御所へ襲いかかり富子らが慌てふためいているときにも、表情を変えず酒を飲み、宴《うたげ》を行っていたともいう。

将軍義政と富子が天下を睥睨《へいげい》していた時代、庶民の生活は極端に苦しかったこともあり、『応仁記』には彼らをとがめるような表現が随所にみられるが、義政のこのようなある種大胆不敵な姿勢だからこそ、乱世を生き残れたのだろう。

また、政情が不安定なこの時代に自我を貫き通した富子は、貧困であえぐ町民をよそに巨万の富を得、我が子かわいさのあまり長い戦乱を引き起こした戦犯として語られることも多いが、それは『応仁記』によって広く知れわたったことが原因であり、実際のところ、戦乱と富子は無関係だったとする説が有力である。

富子の実像は、夫が投げ出した政務を肩代わりし、信じるのは己のみとばかりに芯を貫いた女傑だった、というのが今日の評価といえるだろう。

應仁記巻之上
前所謂野馬臺ニ丹水流盡テ後天命有三公ニ云迄ハ先
人ノ注ヲ下ス處也百王流畢竭猿犬稱英雄ト云是ヨリ以
後ハ丙申戊ノ歳ノ人有テ賊ヲ四海ニ振ハント書テ筆ヲ絶
甚リナ爰愚輩請之末句ヲ注解スル者也百王流畢テ猿犬
稱英雄星鳥野ノ外ニ流レ鐘鼓國中ニ震ヒ青丘與赤土
茫々遂為空矣誠哉斯言實銘此觀之其ニ者起丁亥亂
納将細川右京大夫勝元永享二年庚戌ニ生ル山名右金
吾入道宗全ハ應永十一年甲申ニ生ル不是曰猿犬稱英
雄乎其二者九重交襟四衢並甍侯卿大夫之大厦高楼
昔悉成灰場畢ト矣座於農夫之田傳雲車於牧童之野
故鶉聲ヲ以聞燕處之裡枕雲雀ヲ露臺之軒端之結ニ敷

国立国会図書館所蔵

『応仁記』には「一巻本」「二巻本」「三巻本」とあるが、上の図版は元和・寛永年間（1615 年～ 1645 年）に出版された『応仁記（２巻）』の冒頭部分。下の写真は京都市上京区の上御霊神社前に建立されている「応仁の乱勃発地」の石碑

◉甲《こう》陽《よう》軍《ぐん》鑑《かん》

著作者 春日虎綱

成立年代 一五七五年〜一五七七年

［概略］「信玄・謙信の一騎討ち」を克明に描いた軍学書

戦国武将の中でも一、二を争う猛将・武田信玄と上杉謙信。この両雄の率いる軍勢が、五度にわたって相見えたのが「川中島の戦い」だった。とくに激烈を極めたのが第四次の合戦で、両軍合わせて七〇〇〇名の死者を数える最大の戦いとなった。この合戦で、後世に語り継がれているのが、信玄と謙信の一騎討ち。その内容を克明に記しているのが、武田家の軍学書『甲陽軍鑑』である。

一五六一年九月一〇日の早朝、信濃国《しなののくに》（現長野県）を流れる千曲川《ちくまがわ》を挟み、武田軍と上杉軍が対峙《たいじ》。当日、辺りは深い霧に包まれていたが、午前七時頃に霧が晴れると、川中島に陣を構えた武田軍の眼前に、上杉の軍勢が突然姿を現した。その距離はわずかで、千曲川東岸の妻女山《さいじょざん》に布陣していた上杉軍だったが、夜陰に乗じて渡河していたのだ。

このとき、武田の軍勢は八〇〇〇、対する上杉軍は一万。これより先、前日の深夜に武田軍は別動隊を編成し、妻女山に向かっていた。夜明けとともに急襲し、驚いた上杉軍を妻女山から下し、平野部で待ち受ける武田本軍と挟み撃ちにするという作戦だった。

これを「啄木鳥《きつつき》戦法」といい、立案したのは武田軍の名軍師・山本勘助《かんすけ》だった。しかし、勘助の思惑は外れ、武田軍は手薄の状態で上杉軍を迎え撃つことになる。上杉軍は武田軍に突撃を開始。裏をかかれた武田軍は懸命に応戦するも劣勢に陥り、上杉軍は武田の本陣まで迫る。

そのとき、一人の武者が本陣に控える信玄に向かって突進する。この武者こそ、上杉謙信だった。謙信は、床几《しょうぎ》に座る信玄に向かって太刀を振り上げ斬りかかる。一方、信玄は床几から立ち上がり、軍扇で謙信の太刀を受け止め、その隙に、武田家臣の原虎吉《とらよし》が馬に槍を刺すと、謙信はその場から立ち去る。やがて、妻女山から戻ってきた武田軍の別動隊が到着すると、形勢が不利となった上杉軍は退却。武田軍も追撃せず第四次合戦は終わったのだった。

[解題] 史実をめぐる『甲陽軍艦』の評価

だが、信玄と謙信の一騎打ちに関し、否定的な史料もある。上杉家歴代の記録『上《うえ》杉家御年譜《すぎけごねんぷ》』だ。それによると、本陣を崩された信玄は千曲川にそそぐ御幣川《おんべがわ》まで退却するが、上杉軍はそれを追撃。上杉家臣の荒川長実《ながざね》が信玄をとらえて斬りかかるものの、信玄は何とか軍扇でかわしたとある。

そもそも川中島の戦いに関する史料は少なく、その実態はほとんどわかっていない。最も詳しいとされるのが『甲陽軍艦』だが、明治時代には史料的価値が疑われている。その理由は、『甲陽軍艦』にある年表や出来事の内容に矛盾が多い点にある。

例えば、武田家の軍師とされる山本勘助だが、その名は同時代の文献はおろか上杉家の史料にすら見当たらず、実在が疑われている。二〇〇八年には、群馬県で確認された五点の文書に「山本管助」という名前が記されていたものの、これが同一人物か、また『甲陽軍艦』にあるような凄腕の武将だったかは不明だ。

さらに、『甲陽軍艦』成立は一五七五年から一五七七年、武田家臣の春日虎綱《かすがとらつな》（高《こう》坂正信《さかまさのぶ》）による口述を虎綱の甥らが書き継いだとされているが、実際は武田家の足軽

国立国会図書館所蔵

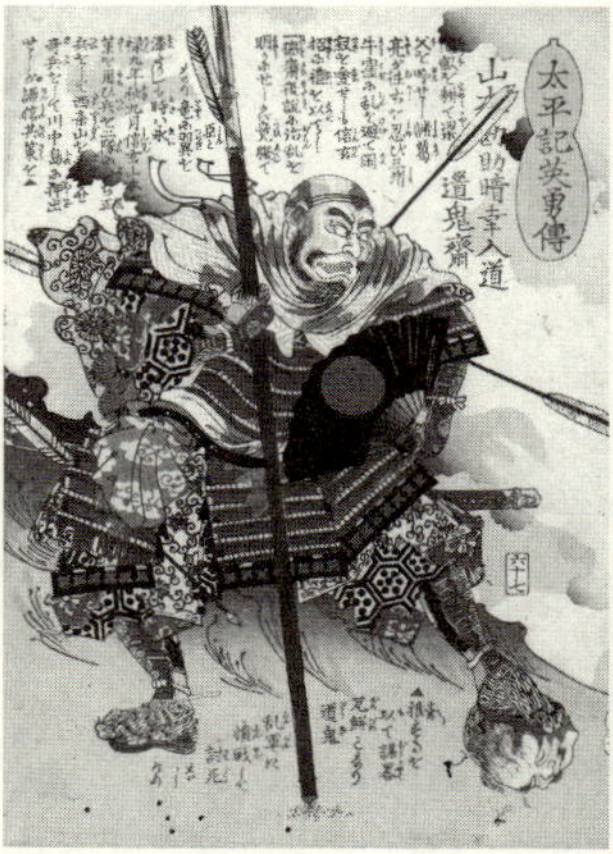

都立中央図書館特別文庫室所蔵

右は江戸中期に出版された『甲陽軍鑑』（35巻）の極彩色絵入り写本の書影。左は落合芳幾が描いた山本勘助の浮世絵（『太平記英勇伝 六十七』『山本勘助晴幸入道』）

大将であった小幡昌盛《おばたまさもり》の三男景憲《かげのり》が虎綱の名を借りたものと考えられ、その成立も江戸時代初期といわれている。

　さらに川中島の戦いに関する記述にも疑いの目が向けられ、一八九一年には国史学者の田中義成氏が、史料との比較から大きな誤りが多いと指摘している。

　一方で、国語学者の酒井憲二氏が『甲陽軍鑑』の史料的価値の見直しを行い、一九九四年にその成果をまとめた『甲陽軍鑑大成』を刊行する。これ以降、歴史学者の小和田哲男氏や黒田日出夫氏の研究もあり、現在では良質な史料として再評価もされている。

◉越後軍記《えちごぐんき》

著作者 宇佐美定祐

成立年代 一七〇二年

[概略] 上杉謙信を影で支えた名軍師の活躍を記した軍記

「越後の虎」と呼ばれた上杉謙信に関する軍記は、『北越軍談』『北越武鏡《ぶきょう》』『上杉軍記』など多数存在し、この『越後軍記』もまた、謙信の軍学を記した軍記のうちの一つである。この中に宇佐美定行《うさみさだゆき》なる人物が登場し、随所で謙信に適確な助言を与えている。

『越後軍記』は、定行が比叡山にこもっているところを少年時代の謙信が訪ね、「三顧の礼」をもって軍師に迎えたと記されている。したがって、定行が謙信より年長なのは確かだ。謙信が家督を継いだ際に、定行は兵法を教え、軍政面での参謀として活躍。「第四次川中島の戦い」では、武田軍の軍師・山本勘助による「啄木鳥戦法」を見破り、山に陣取っていた謙信に敵陣近くまで潜行するように進言している。また、上杉家には「軒猿《のきざる》」と呼ばれる忍びの集団がいたとされ、この忍者を雇い入れたのも定行としている。

そんな定行の死去にあたって、『越後軍記』では「内には慈悲深く外には智勇を励し、諸子及び国民を憐み、人心を廉直に邪慾を戒め、軍事に臨んでは当機の変術智謀計略の深きこと、恐《おそら》くは楠先生（楠木正成）にも劣ざりければ」と褒《ほ》め称え、「謙信の嘆きは云うに及ばず、諸臣上下に至《いた》るまで力を惜しまざるは無りけり」と追悼の様子を描写。まるで謙信に勝る軍略家のような印象を与えている。

【解題】架空の天才軍師を歓迎した紀州徳川家の思惑

『越後軍記』の作者は謙信の家臣・宇佐美定満《さだみつ》の子孫にあたるという定祐《さだすけ》である。軍記に描かれた定行とは、実は定祐の創作した架空の人物で、モデルとなったのが定満であり、啄木鳥戦法を見破ったのも、定満とされる。

そもそも『越後軍記』は、一七〇一年に京都で出会った上杉家に縁のある浪人が、定祐に手記を見せ、翌年に加筆修正を加えたものだという。また、『甲陽軍鑑』に対抗して書かれたものとされ、『甲陽軍鑑』同様、真偽が混ざったものというのが通説である。定行（定満）が雇ったとされる軒猿については、定祐の書いた『北越軍談』『北越太平記』、そして『越後軍記』にしか記されておらず、実際に忍者を使って啄木鳥戦法を見破ったかどうかは定かではない。

実在の定満の軍才については江戸期の軍記物にも記されているが、それらはかつて定祐が書いたものをなぞらえているため、信頼性は不確かとされる。ではなぜ、定祐は『越後軍記』を書いたのであろうか。それには次のような説がある。

定祐の本名は大関佐助《おおぜきさすけ》といい、軍学者として紀州徳川家に仕える。そして、軍学者として実績と信頼を得るため、文書や系図をねつ造し、定満に重ね合わせる形で、定行という軍師を創作したのだ。

だが、このでっち上げを紀州家は歓迎する。将軍家から分家して間もない紀州家は、権威不足に悩んでいたからだ。そこで、幕府が公認する武田の「甲州流軍学」よりも、それに対抗する上杉の「越後流軍学」にならう道を選択した。君主の命令で姓も大関から宇佐美に変え、定祐は軍記の執筆に力を注ぎ、定満＝定行の軍才を存分に書くことができた。だからこそ、壮大でワクワクするような読み物になっているのである。

一方、別の説では、定祐は本当に定満の子孫であり、「宇佐美流兵学」を受け継い

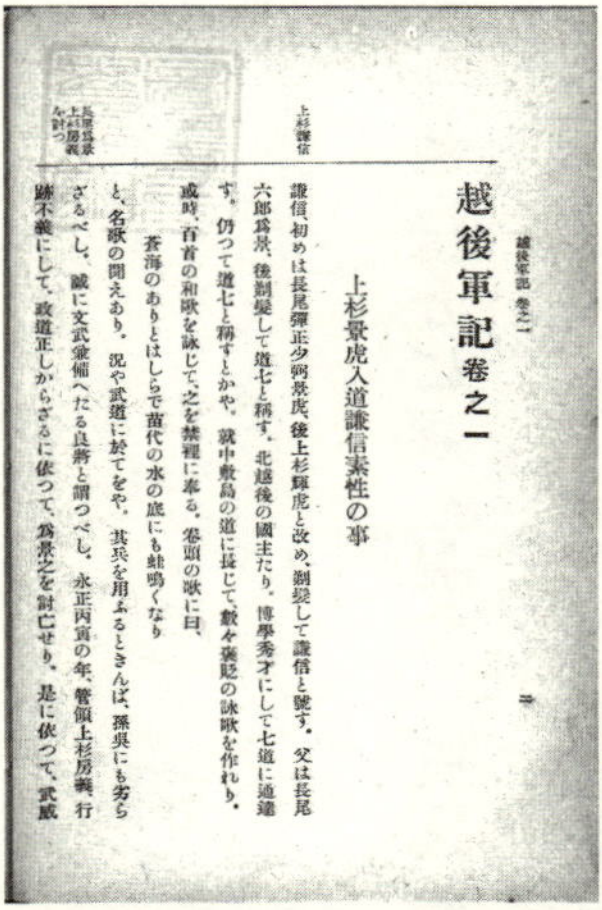
長尾爲景
上杉房義を討つ

上杉謙信

越後軍記　巻之一

越後軍記　巻之一

上杉景虎入道謙信素性の事

謙信、初めは長尾彈正少弼景虎、後上杉輝虎と改め、剃髪して謙信と號す。父は長尾六郎爲景、後剃髪して道七と稱す。北越後の國主たり。博學秀才にして七道に通達す。仍つて道七と稱すとかや。就中敷島の道に長じて、數々褒貶の詠歌を作れり。或時、百首の和歌を詠じて、之を禁裡に奉る。巻頭の歌に曰、

蒼海のありとはしらで苗代の水の底にも蛙鳴くなり

と、名歌の聞えあり。況や武道に於てをや。其兵を用ふるときんば、孫呉にも劣らざるべし。誠に文武兼備へたる良將と謂つべし。永正丙寅の年、管領上杉房義、行跡不義にして、政道正しからざるに依つて、爲景之を討亡せり。是に依つて、武威

二

国立国会図書館所蔵

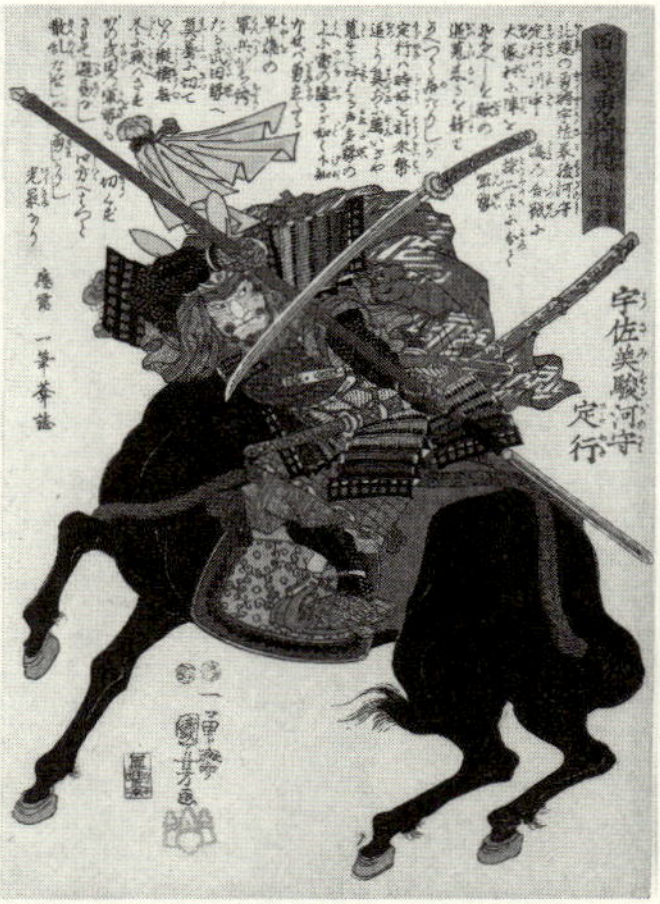

都立中央図書館特別文庫室所蔵

左は国史研究会刊行の『国史叢書』（1915 年）に所収された『越後軍記』の冒頭部分。右は「上杉四天王の一人」とされる宇佐美定行を描いた浮世絵（歌川国芳『甲越勇将伝』『上杉家廿四将』『宇佐美駿河守定行』）

でいた。紀州家に仕えていたことは確かだが、当時、領地が半減し藩の財政が厳しかった上杉家を思い、上杉家の軍記を作成することで、地に落ちつつある上杉家のプライドを守ろうとしたのだ。

いずれの説が正しいかは、これからの研究しだいだが、一ついえることは、定祐は定満をモデルにして「宇佐美定行」という天才軍師を作り出した。そして『越後軍記』を世に広めることで、定祐自身はもとより、上杉家そして紀州徳川家にとって「三方一両得」な結果を得たことは確かなのだ。

◉武《ぶ》功《こう》夜《や》話《わ》

著作者 吉田孫四郎雄翟

成立年代 一六三八年?
発見年 一九五九年

[概略] ほかに類を見ない戦国時代の詳細な記録

平安時代末期の「治承《じしょう》・寿永《じゅえい》の乱」や鎌倉時代の「承久の乱」、戦国時代の幕開けとなった「応天門《おうてんもん》の変」から天下分け目の戦い「関ヶ原の戦い」まで、歴史ファン、とくに戦国マニアにとって垂涎の史料といえるのが『武功夜話』だ。

とくにこの書には、戦国大名である織田家の成り立ちから、後裔の信長が尾張を統一するまでの過程や、その間に行われた様々な合戦、木下藤吉郎が羽柴秀吉となって天下を統一するまでの出来事など、織田・豊臣両家に関する記録が詳細に記述されている。そのほかにも蜂須賀《はちすか》氏や生駒《いこま》氏といった、後の大名に関することなど、戦国史を知るうえで一級品の史料として注目された。

しかも『武功夜話』には、不明とされてきた生駒氏出身の信長の側室の名が「吉《きっ》乃《の》」であること、秀吉の出身が貧農ではなく「村長役人」の息子と明記されているなど、ほかの史料にはない記述が多く含まれ、なかでも木下藤吉郎がわずかな期間で築城したとする「墨俣城《すのまた》」については、その実態を知ることのできる唯一の記録だといわれている。

『武功夜話』は、尾張国丹羽郡《おわりのくににわ》前野村（現愛知県江南市前野町）の庄屋だった吉田家の一六代目孫四郎雄翟《まごしろうかつかね》が、先祖の歴史を一六三八年にまとめたものだ。吉田家の祖先は武門の前野氏であり、織田家と豊臣家に仕えて数々の戦功を立てている。江戸時代になって農家となったが、武家の時代の記憶が風化することを恐れ、記録に残したとされる。雄翟は二一巻まで書き続けたが病に伏し、その遺志を継いだ娘の千代女《ちよじょ》が『武功夜話拾遺』八巻を執筆。これら以外にも『永禄州俣記』などの古文書があり、また同じ『武功夜話』というタイトルの「三巻本」「五巻本」といった異本も存在する。これらを総称し、『前野家文書』とも呼ばれている。

ただし、『武功夜話』には「貸し出しの儀、平に断る」との記載があり、門外不出とされた。だが一九五九年、伊勢湾台風により、吉田家の土蔵が崩れ全二一巻が発見される。この古文書に目を通した当時の当主龍雲《たつも》氏は、歴史の常識から外れた内容に公開をはばかったが一九八七年、龍雲氏の弟・蒼生雄《たみお》氏によって全訳が刊行され、世に知られることとなったのだ。

【解題】メディアよって喧伝された第一級の史料

織田信長、豊臣秀吉といった、現在でも人気の高い戦国武将のエピソードが満載で、しかも今まで知られていない事実が記述されている『武功夜話』は話題を呼び、戦国史の研究家のみならず歴史小説家からも注目を集めた。例えば、津本陽の『下天は夢か』、遠藤周作の『男の一生』、秋山駿の評伝『信長』、堺屋太一の『秀吉』などは『武功夜話』を素材として執筆し、『「武功夜話」の世界』という解説本には遠藤周作や杉浦明平《みんぺい》といった作家や文化人が寄稿している。

文学の世界だけでなくメディアも盛んに取り上げ、NHK、朝日新聞などは、「戦国時代を解明する第一級の史料」として喧伝。大河ドラマの『秀吉』（堺屋太一原作）『利家とまつ』（竹山洋原作・脚本）も『武功夜話』が下敷きとなっている。

このように世間を賑わせた『武功夜話』だが、歴史研究家の間では刊行当初から、内容に関して疑問が呈されていた。その一つが藤本正行氏と鈴木眞哉氏による共著

『偽書「武功夜話」の研究』だ。

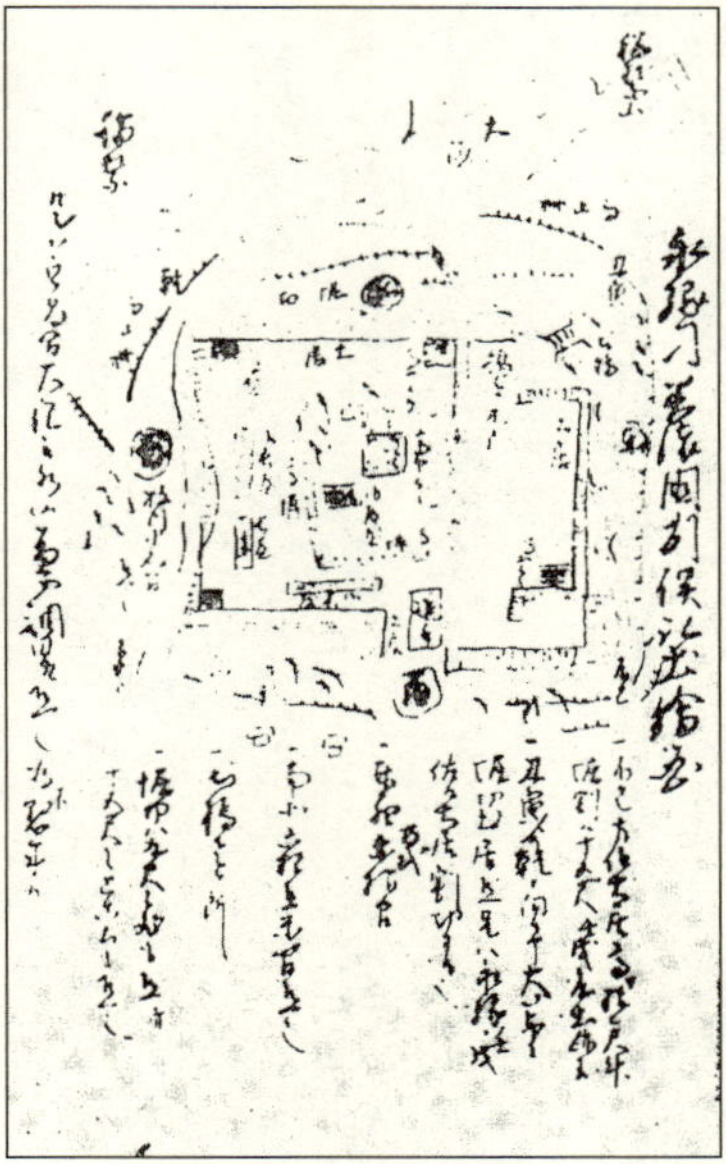

『武功夜話』を偽書説の立場から論じている『偽書「武功夜話」の研究』（藤本正行／鈴木眞哉・洋泉社）。右の図版は、史料価値をめぐる論点の一つとなった「墨俣一夜城絵図（永禄寅美濃州俣取出絵図）」（『武功夜話 第４巻』新人物往来社より）

この中では主に、「戦国時代らしくない文体で書かれている」「戦国時代には見られない用語や表現が散見する」「現代人による発想や価値観で記された記事がある」「登場人物の官職が、しばしば誤っている」「年紀が必ずしも正確でない」「記事と記事の間に、しばしば矛盾が生じている」「良質史料による裏付けがない。また相違する記述が見られる」という七点が挙げられている。

具体的には、秀吉が竹中半兵

衛を訪ねる場面で「軍師」という呼称が使われているが、参謀を意味する軍師という言葉は、江戸時代の軍記物が広めたもので、この時代には存在しない。合戦のことも「出入り」と記述し、「我等主従の者虜囚《りょしゅう》の辱《はずかし》めをうけ」という一九四一年に帝国陸軍に布達された「戦陣訓」の言い回しを彷彿《ほうふつ》させる箇所があるなど、おかしなところが続出する。そして、『武功夜話』を評価するうえでとくに注目される「墨俣城築城」に関する記述も論点の一つとなっている。

墨俣城は永禄《えいろく》九（一五六六）年、信長の命を受けた秀吉が蜂須賀小六らの助けを受けて、一夜にして築いたとされる。そのため「一夜城《いちやじょう》」の異称もあるが、『武功夜話』は三日で築造したとし、築造経過など詳細に記されている。しかし、信長関係の史料として信頼性の高い『信長公記《しんちょうこうき》』に一夜城の記述はなく、秀吉が築城したとされる五年前には城があったことが記されている。

そもそも「墨俣一夜城」の伝説は、江戸時代の『絵本太閤記』『真書太閤記』に「永禄五年に秀吉が一夜で墨俣城を建てたように見せかけた」という筋立が発端であり、明治時代の『安土桃山時代史』では「墨俣築城は永禄九年」と書かれている。確かに秀吉は永禄九年に城を建てているが、それが墨俣城でないにもかかわらず、だ。

墨俣城があったとされる場所に建つ模擬天守閣を乗せた「墨俣一夜城（大垣市墨俣歴史資料館）」。館内では『前野家文書』に基づいた資料が展示されている

『武功夜話』の成立については、旧日本軍の軍隊用語に似た言葉や慣習が度々登場し、また一九五四年の町村合併によって誕生した「富加《とみか》」という地名が記載されていることから、成立時期は太平洋戦争後である、と指摘する研究家もいる。

一方、二〇〇〇年に吉田家へ調査に入った愛知県史編纂委員会織豊《しょくほう》部会は、子孫による写本が江戸時代後期に作成されたものであると断定。歴史研究家の牛田義文《よしふみ》氏は「この地方でも古い昔には『富加道』と呼ばれた道や『富加』と呼ばれた地域部分が存在していた気配がある」とし、二〇〇〇年代に入り、牛田氏以外にも原本調査を行った研究者からは、『武功夜話』は有用な史料だという意見が出てきている。

●column

最新の研究成果によって変更や削除が続く、教科書に掲載された偉人たちの肖像画

「教科書に載っている歴史が正しい」という価値観が大きく崩れつつあることは、ここ数年の記述内容の改定が大いに物語っている。かつて身分制度とされた「士農工商」は「様々な職業の人」という説明となり、鎌倉幕府の成立は一一九二年から一一八五年、あるいは成立に関する説が多岐にわたることから、年号を明記しないものもある。

そして、歴史的人物のイメージを補完してきた「肖像画」のいくつかも、新たな研究成果によって「実は別人だった」という解釈が教科書で反映されている。

定番の肖像画が別人とされた頼朝像と尊氏像

最も有名なのは、国宝でもある源頼朝の肖像画だろう。江戸時代以来、京都市神護《じんご》寺《じ》所蔵の肖像画が頼朝とされ、その威厳ある姿が「頼朝像」としてほとんどの教科書

右が「唐本御影」に描かれた聖徳太子像。近年、聖徳太子は存在しなかったとする虚構説が注目された。左は足利直義の肖像画とする説がもはや定番となっている「源頼朝像」

を飾った。ところが一九九五年に美術史家の米倉迪夫《みちお》氏が、室町時代に足利直義《ただよし》が、兄の尊氏と自分の肖像画を神護寺に収めたという点や人相の特徴などから、この肖像画の主は直義という新説を提唱。しだいにこちらが定着していった。

だが、教科書に反映しはじめたのは二〇〇二年以降で、徐々に肖像画に添えられた説明文が「源頼朝と伝えられる肖像画」「伝源頼朝像」などに変わっていった。最近では東京国立博物館所蔵の「木造伝源頼朝座像」が掲載されることが多くなっている。

もう一人肖像画が別人だったことで

有名なのが、京都国立博物館所蔵の「足利尊氏像」である。この肖像画は、すでに一九三七年から反論が唱えられ、南北朝時代の武将・細川頼之《よりゆき》や高師直《こうのもろなお》とする説が大勢を占めていた。しかし、教科書に反映され出したのは約半世紀を経てからだった。というのも、教科書の改訂は数年に一度しか行われず、採用されるまでのプロセスが非常に複雑だからだ。現在では尊氏とされてきた肖像画は、肖像画自体が削除されたり、「騎馬武者像」と紹介されていたりと扱いが安定していない。

聖徳太子像も新たな解釈で教科書から姿を消す

ほかに聖徳太子像も、王子二人を両脇に携えた「唐本御影《とうほんみえい》」（宮内庁所蔵）の立ち姿が定着していたが、これが描かれたのは太子の没後一五〇年以上経った八世紀半という説が浮上。現在の教科書では「伝聖徳太子像」などと、断定を避ける説明が付けられているとのことだ。

学者による解釈の変更や新説の登場によって、教科書の内容が変わるのは当たり前。本書で紹介している偽書・奇書の説にさえ、過去には教科書に記されていたものもあるくらいなのだ。

第四章

安土桃山時代から江戸時代

絢爛豪華な文化が花開いた織豊時代。そして、泰平の世を謳歌した江戸時代。戦乱の世が終わって生活が落ち着くと、歌舞伎や浮世絵、落語が花開いたように、人々は娯楽を求めるようになる。そんな需要に応えるかのように生み出される偽書や奇書の数々。過去に成立したとされる歴史書や軍記物の中には、実はこの時代に書かれたものも多いのだ。江戸っ子が支持した歴史奇聞を、時代を超えて楽しんでみたい。

◉川角太閤記《かわすみたいこうき》

著作者 川角三郎右衛門

成立年代 江戸時代

[概略] 織豊時代の当事者に取材したノンフィクション

『川角太閤記』は、豊臣秀吉に関する事跡をまとめた伝記で、初代柳川藩（現福岡県）主・田中吉政《よしまさ》の家臣・川角三郎右衛門《かわすみさぶろうえもん》が著したとされる。発行当初は単に『太閤記』という題名だったが、小瀬甫庵《おぜほあん》による『太閤記』と区別するため、後の世では作者の名前を冠した『川角太閤記』と呼ばれるようになり、これが定着した。

この書は全五巻によって成り立っている。一巻は一五八二年、織田信長が上洛した徳川家康を饗応するシーンから唐突に始まる。その後、「本能寺の変」や秀吉の「中国大返し」を経て、明智光秀の死までが綴られ、二巻では信長亡き後の跡目争いや清洲会議、「賤ヶ岳《しずがたけ》の戦い」を経て織田信孝《のぶたか》が切腹するまで、三巻では賤ヶ岳の戦いで秀吉と対立した佐久間盛政《もりまさ》の処刑や紀州・越中討伐、佐々成政《さっさなりまさ》の死、天草一揆について、四巻では「小田原攻め」を経て朝鮮出兵、関白秀次の切腹、秀吉の死と続く。秀吉亡き後の騒動が五巻に語られ、「関ヶ原の戦い」のこぼれ話や『信長公記』の補遺を載せて終わっている。

『川角太閤記』の特徴は、聞き書きの形式をとっているところにある。そのため、甫庵版のように、独自の解釈や創作などが少ないとされ、広義に解釈すれば、当事者に取材した内容をもとに執筆された「ノンフィクション」といえるだろう。

【解題】真実味と信憑性が相克する川角版『太閤記』

しかし『川角太閤記』が書かれたのは、本能寺の変から四〇年以上も経ってからだ。仮に関係者が当時、三〇歳であったとしても、取材を受けたのは七〇歳。記憶もあやふやだっただろうし、四〇年の月日の間に当事者の記憶に何らかの思惑が加わっても不思議ではない。作者もそのあたりを自覚していたのだろうか、随所に「そう聞いております」「〜と承っております」といった表現が頻出し、確証のなさが垣間見える。歴史研究者の阿部一彦氏は、「『川角太閤記』は歴史小説としては面白いが、『聞書』の本質からは逸脱している」と指摘している。

それでも『川角太閤記』の現代語訳を著した志村有弘氏の弁を借りれば、実際の関係者に取材をしたからこそそのリアリティが感じられる場面もある。例えば「秀次切腹事件」では、切腹した秀次の介錯を雀部重政《ささべしげまさ》が行い、追い腹を切った雀部の介錯を服部吉兵衛が行ったが、最後に残った服部の介錯をする者がいなくなった。その場に居合わせた者に服部が介錯を頼み、腹を切ろうとしたところ、検分役の池田秀雄が切腹を止め、服部は考えを改めたという。その服部に川角三郎右衛門は直接話を聞いたとしていて、確かにこの秀次切腹のくだりは真実味がある。

なお、秀吉についての事跡をまとめた伝記であるにもかかわらず、その死について語られておらず、ただ「一八日、太閤様がご他界になりました」とあるだけ。さらに、光秀の謀反について語ったくだりでも、「これより先は『信長記（信長公記）』に詳しく書かれています」と、続きを省略している。記録としては肩すかし感もあるが、情報が十分でないと判断したのか、あるいは周知の事実をあえて載せなくてよいと判断したのか、このあたりに作者の矜持《きょうじ》を感じさせる。

矜持といえば、作者は「『信長記』に書かれていることと世間の受け取り方は違いますが、二説あるとお考えください」とも書いている。さらに随所に『信長公記』を

国立国会図書館所蔵

右は大判錦絵3枚続『大日本歴史錦繪』から清洲会議の一場面。会議で柴田勝家と秀吉が対立したという話は『川角太閤記』がもととなった。左は勉誠出版から刊行された『川角太閤記の現代語訳版

引用しながらも、「『信長記』はほとんどが作り立てたもので、（作者の）太田又助（牛一《ぎゅういち》）はまだ若かったので日記帳を付けていなかった」と批判。「自分の作品はきちんとした取材に基づいている」とでも言いたげである。

これらを踏まえると、『川角太閤記』は甫庵版『太閤記』と比べ脚色が少なく、「ある程度」事実に基づいていると判断できる。ただし、聞き書きなのでところどころに間違いがあり、今日では、史料としての信憑性には欠ける、というのが通説のようだ。

◉史疑《しぎ》 徳川家康事蹟《とくがわいえやすじせき》

著作者 村岡素一郎

出版年 一九〇二年

［概略］徳川家康は家臣に殺され別人と入れ替わった

『史疑　徳川家康事蹟』は、徳川家康の出自について、疑問を投げかけた本である。結論からいうと、本物の徳川家康は殺害されており、入れ替わった偽者が後の「徳川家康公」になったという内容だ。

しかし、いわゆる「トンデモ本」ではなく、著者の村岡素一郎《もといちろう》は教育者であり、官吏であったかたわらライフワークのように自説である「徳川家康すげ替え説」について調査を続け、自信を持って上梓した。昭和になってこの書が日の目を見た後、多くの歴史家の興味を惹いたことからも分かる通り、その内容はセンセーショナルだ。

要約すると、一般的に知られる徳川家康は、松平広忠《ひろただ》の嫡男として生まれた松平元康とされるが、元康は家臣に殺害され、これにすり替わったのが願人《がんにん》（遊芸民）の世《せ》良田《らだ》二郎三郎《じろうざぶろう》元信《もとのぶ》という人物だという。さらに、世良田は松平家とは縁もゆかりもない人物で、下層階級の出身者であるとする。

『史疑　徳川家康事蹟』には、村岡が家康の出自に疑問を持った理由が序論に書かれている。まずは「政機転変し、貴賤の階級が転倒することは歴史の自然法」と前置きし、そのうえで「家康の肖像画には悪人面したものがある」「家康が、正室である築《つき》山殿《やまどの》と実子信康《のぶやす》を平然と殺したのは（信康は切腹）、いかに織田信長の命令としてもおかしい」「『駿府政事録《すんぷせいじろく》』の記述に、家康は幼少時、又右衛門某というやつに売られた、と自ら語っているくだりがある」と続いている。

【解題】数多くの作家が刺激を受けた「徳川家康すげ替え説」

『史疑　徳川家康事蹟』は一九〇二年に、ジャーナリストで思想家の徳富蘇峰《とくとみそほう》によって設立された「民友社」から出版されている。巻末にある書籍広告には『不如帰《ほととぎす》』（徳冨蘆花《ろか》）、『武蔵野』（国木田独歩《くにきだどっぽ》）などが掲載されていることから、これらと並ぶ話題作になっていたとも推測できる。

　村岡によると、一五三五年に起きた「森山（守山）崩れ」と呼ばれる暗殺事件で、家康の祖父・松平清康《きよやす》が家臣に殺されたことになっているが、実は殺害されたのは元康（家康）であり、事件が起こったのも一五六一年だった。元康が亡くなったことが知れわたり、松平家が没落していくことを恐れた側近たちは、元康に武力協力していた世良田二郎三郎元信を影武者に据える。その事実を知る者は側近と正室の築山殿などに限られ、築山殿はこれを密告しようと武田家に内通。これを知った信長から築山殿殺害の命を受けた世良田は、この機会に正室を殺してしまったという。

他人の妻と子なのだから、殺すのに何のためらいもあるわけがない。ちなみに、幼少時に又右衛門某にたぶらかされ、修行僧のもとに売り飛ばされたという『駿府政事録』の記述は、世良田の出自と一致する。不遇の少年時代を送っているから、いつまでも悪人面が隠しきれないというのが村岡の主張だ。

だが、『史疑　徳川家康事蹟』は初版五〇〇部の後、重版されずに書店から消えた。その理由について、村岡の孫であり後に現代語訳を出版した小説家の榛葉英治《しんばえいじ》によると、「誰かの陰謀により消された」としている。その誰かについては明言を避けているものの、徳川氏一族や旧幕臣が圧力をかけた、もしくは蘇峰が徳川家関係者に遠慮したためともいわれている。

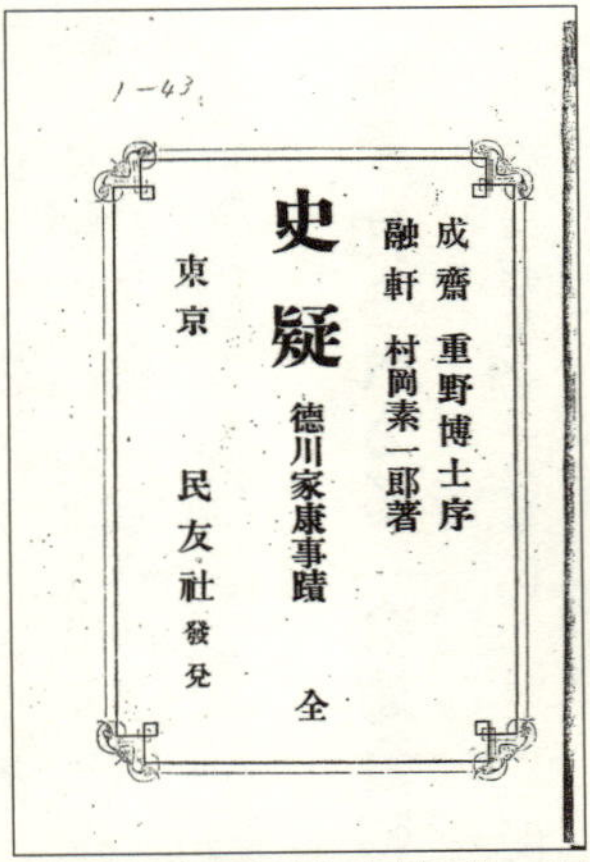
1-43

成齋 重野博士序
融軒 村岡素一郎著

史疑
徳川家康事蹟 全

東京 民友社發兌

国立国会図書館所蔵

『史疑　徳川家康事蹟』（民友社）の最終章（第９章）では「家康の性格論」が展開されている。右は同書所収の家康の肖像画。榛葉英治による現代語訳版（『新版 史疑 徳川家康』）が雄山閣より出版されている

出版から半世紀後、作家の南條範夫は古本屋でこの本を発見し、それをもとに『三百年のベール』という傑作小説を書いた。さらに隆慶一郎も「徳川家康すげ替え説」をテーマに『影武者徳川家康』を執筆している。なお、劇画『カムイ伝』（白土三平作）でも、家康の出自が物語の重要なエッセンスとなっている。

以降も様々な歴史研究家が『史疑　徳川家康事蹟』をベースにした書を著していることをみても、歴史上の大人物が偽者だったというセンセーショナルな内容を、単に荒唐無稽と片付けるには惜しいと言わざるを得ない。

◉会津陣物語《あいづじんものがたり》

編纂者 杉原親清

成立年代 一六八〇年

［概略］知られざる「会津合戦」に関するエピソード集

「天下分け目の合戦」といわれる「関ヶ原の戦い」は有名だが、同時期に会津で様々な合戦が行われていたことはあまり知られていない。江戸時代初期、「関ヶ原の合戦を世に伝える書物はたくさんあるが、会津合戦を伝えるものがないのは誠に遺憾」と嘆いていたのが、江戸幕府老中の酒井忠勝《ただかつ》だった。そこで忠勝は、配下の杉原親清《ちかきよ》に命じて会津合戦（会津征伐）に関する伝承を集めさせ、これを記録させた。

内容は、もっぱら忠勝の知的好奇心を満たすためだけのものだったが、後に一般に広がり、その写本を敦賀の商人から手に入れたのが、戦国武将の逸話集『武辺咄聞書《ぶへんばなしききがき》』の作者として知られる国枝清軒《くにえだせいけん》である。国枝はこれを読み、上杉の軍功を世に広めたいと考え、杉原親清の筆記に訂正を加えて一六八〇年に世に出す。これが『会津陣物語』である。

この書は全四巻からなり、豊臣秀吉が没した頃より物語が始まる。徳川家康と上杉家の確執や、世に言う「直江状」を直江兼続《なおえかねつぐ》が送った経緯などが一巻に記されている。二巻では上杉家と伊達家の争いに話が転じ、伊達政宗の白石城攻めや、越後で起こった一揆の始終が描かれ、三巻では甲斐国《かいのくに》（現山梨県）にあった長谷堂《はせどう》城の戦いを中心とする慶長出羽《けいちょうでわ》合戦、四巻では関ヶ原の合戦後の顛末、上杉と伊達との松川の戦いと上杉家の米沢移封までが描かれている。

［解題］通説とは異なる直江兼続のイメージ

『会津陣物語』の特徴は、単なる軍記物ではなく、そこに人間模様が描かれている点だ。とくに、直江兼続の人となりが独特の観点で描かれている。兼続はＮＨＫ大河ドラマ『天地人』などで描かれたような「義に厚く、民や故郷への愛を貫いた名将」とのイメージがある。だが、『会津陣物語』に登場する兼続は様子が違う。

例えば、石田三成と直江兼続は、「義」で結ばれた親友だったというのが一般的なイメージだ。しかし『会津陣物語』によれば、三成は当初、上杉景勝《かげかつ》に近付こうとしたものの取り付く島もないので、兼続に近付いたとされる。そして、三成は兼続に「侍として生まれたからには天下を取りたい」と話し、兼続は「それなら蒲生氏郷《がもううじさと》を殺害し、その領地に景勝を国替えさせて、家康を東西から挟み撃ちにしよう」とけしかけるのである。そして実際に、三成は氏郷の毒殺に成功し、上杉の移封も実現したと記述されている。

史実では、氏郷は毒殺ではなく、病気で死んだことが明らかになっている。そして上杉の会津移封は一五九八年であり、ともに秀吉がまだ生きている頃の出来事だ。秀吉存命中からこうした企てをしているとすれば、兼続は知略に富んだ人物というより、相当な謀略家である。また、上杉が会津に移った後、旧領の越後で一揆が起こっているが、『会津陣物語』によると、これも兼続の策略だという。

前述した通り四巻には、本題から外れたこぼれ話がいくつか収録してあるが、兼続の高慢な人柄を表すエピソードも収録されている。例えば、「兼続は関ヶ原以降、城中で天下の老中に会っても頭を下げなかった」「伊達政宗が自ら作った小判を諸大名に見せ、皆が手に取り感心してこれを眺めていた。しかし兼続は一人、扇に小判を乗せて眺めていたので、政宗は兼続が遠慮しているのだと思い、構わぬから手にとって

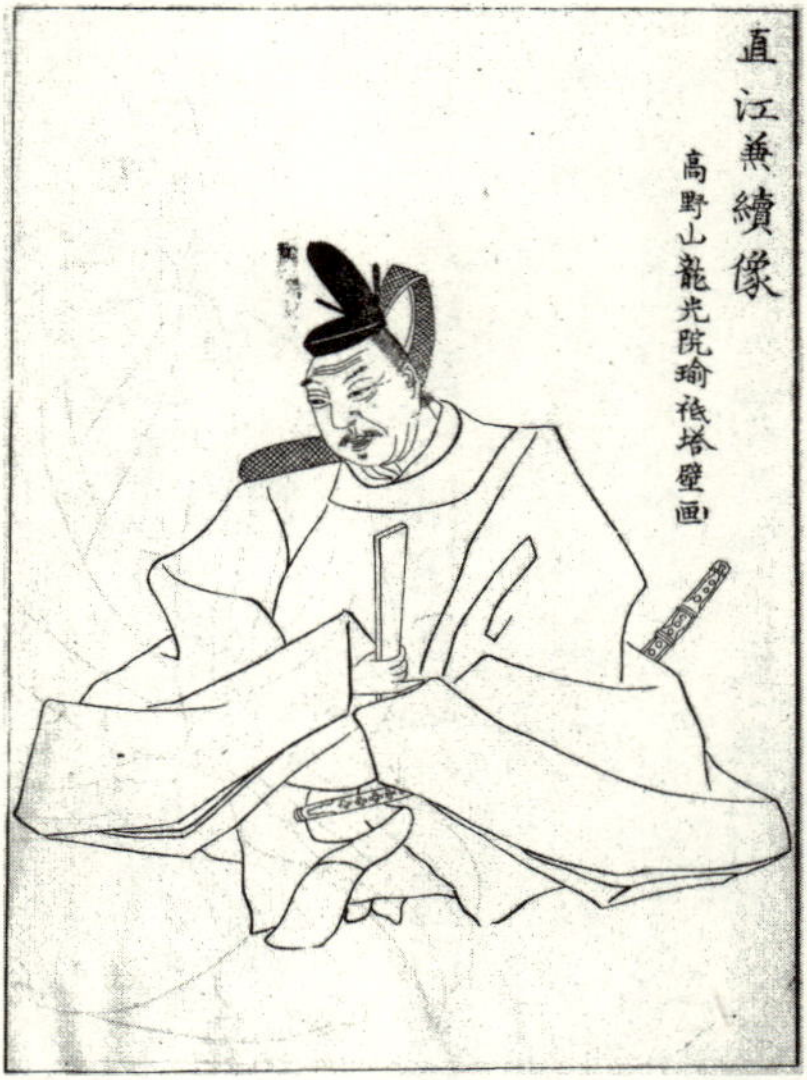

国立国会図書館所蔵

智勇兼備の武将として知られる直江兼続だが、『会津陣物語』では謀（はかりごと）に長けた高慢な人物として描かれている。図版は『集古十種 古画肖像４』（松平定信 編）に所収されている「直江兼續像 高野山龍光院瑜祇塔壁画」

見よと勧めたところ、私の手は采配を振るためにあり、銭は下賤《げせん》の持つものである、と言って扇から銭を投げ返した」などだ。

三河時代からの徳川家臣団の家を出身とする酒井忠勝がまとめさせた『会津陣物語』だけに、当然ながら家康を敵役扱いにはしていない。さらに編纂者の杉原親清は、出奔したが、もとは上杉家の家臣で、かつての主君を悪く書くことができなかったと見られる。そこで、関ヶ原で敗れた西軍の将・石田三成と、かつての上役・直江兼続を悪人に仕立てたのではないか、ともいわれている。

◉真田三代記《さなださんだいき》

著作者 不明

成立年代 江戸時代

［概略］真田幸村は生き延びて豊臣秀頼とともに薩摩に下った

現在でも小説やドラマで取り上げられ、ゲームのキャラクターになるほど国民的人気の高い真田信繁（幸村）。一六一四年に始まった「大坂の陣」では、豊臣方の武将として参戦。智謀をもって徳川勢を何度も苦しめ、ついには敵本陣にまで攻め込み、徳川家康に死を覚悟させるほどの恐怖を与えたといわれている。

その奮闘ぶりは、「日本一《ひのもといち》の兵《つわもの》」と称えられ、幸村の武勇を示す代名詞としても知られるようになった。だが、そんな彼も一六一五年六月三日、「天王寺・岡山の戦い」の奮闘で力尽き、大阪市天王寺区にある安居《やすい》神社で討ち取られてしまったのである。

以上が史実とされているが、「実は幸村はその後も生き延びていた」という噂が人々の間で囁かれるようになる。原因の一つに挙げられるのが、大坂の陣からおよそ八〇年後の元禄時代に成立したとされる『真田三代記』の存在だ。

この書物によると、大坂城陥落直後の一六一五年六月二一日、幸村と息子・大助は後藤又兵衛らとともに、豊臣秀頼を護って大坂城を抜け出したとされる。それを裏付けるように、現在でも天王寺区の三光《さんこう》神社には天守閣に通じるとされる道、いわゆる「真田の抜け穴跡」が残されている。そして、脱出後の幸村一行は薩摩(現鹿児島県)へと落ち延びていった。だが幸村は、大戦で心身ともに衰弱しており、やがて翌年の一〇月一一日に他界、後を追うように秀頼も翌年に没したとされている。

【解題】江戸時代の講釈で幸村人気に火が着き生存説が生まれる

このように、『真田三代記』では幸村の没年日まで克明に記しているが、当然、創作の域を出るものではない。幸村を主人公に据えた書物は、一六七二年の軍記物『難波《なにわ》戦記《せんき》』が初出とされている。この作品が講釈で語られ、一般に流布すると幸村人気に火が着き、やがて『真田三代記』が出版されることになった。『真田三代記』の作者は不詳とされているが、主に大坂の陣に焦点が当てられ、真田家三代(昌幸・幸村・大助)の活躍と、その後の滅亡が描かれている。そしてこの中で語られているのが、幸村の「薩摩落ち」だ。

だが、これは作者のまったくの空想の産物というわけではなかった。というのも、大坂の陣が終わった後、上方などでは「花のようなる秀頼様を　鬼のようなる真田が連れて　退きも退きたり加護島（鹿児島）へ」という童歌が流行したという。また当時の日本を知るうえで一級の史料とされているイギリス商館長リチャード・コックスの日記にも、「秀頼の遺骸が発見できず、密かに脱走したと信じる者も少なくない」「秀頼は薩摩、あるいは琉球に逃れたとの報あり」と記されているのだ。

つまり、豊臣家の滅亡直後から、幸村や秀頼の生存説は飛び交っていたと推測され、そのことが『真田三代記』のストーリーに反映されたことは想像に難くないだろう。さらに徳川方に属していた幸村の叔父・真田信尹《のぶただ》が幸村の首実検を行ったが、本人か否かの判別はできなかったといわれている。そのような経緯もあり、『真田三代記』での幸村生存説は、人々の間に深く浸透することになった。

逃亡先が薩摩であったのは、一六〇〇年の「関ヶ原の戦い」で、豊臣方の副将を務めた宇喜多秀家《うきたひでいえ》が、大敗後に薩摩藩主の島津家に匿《かくま》われたため、という見方がある。また、薩摩に逃げ延びた幸村は、頴娃《えい》（現南九州市頴娃町）の地で暮らしていたとい

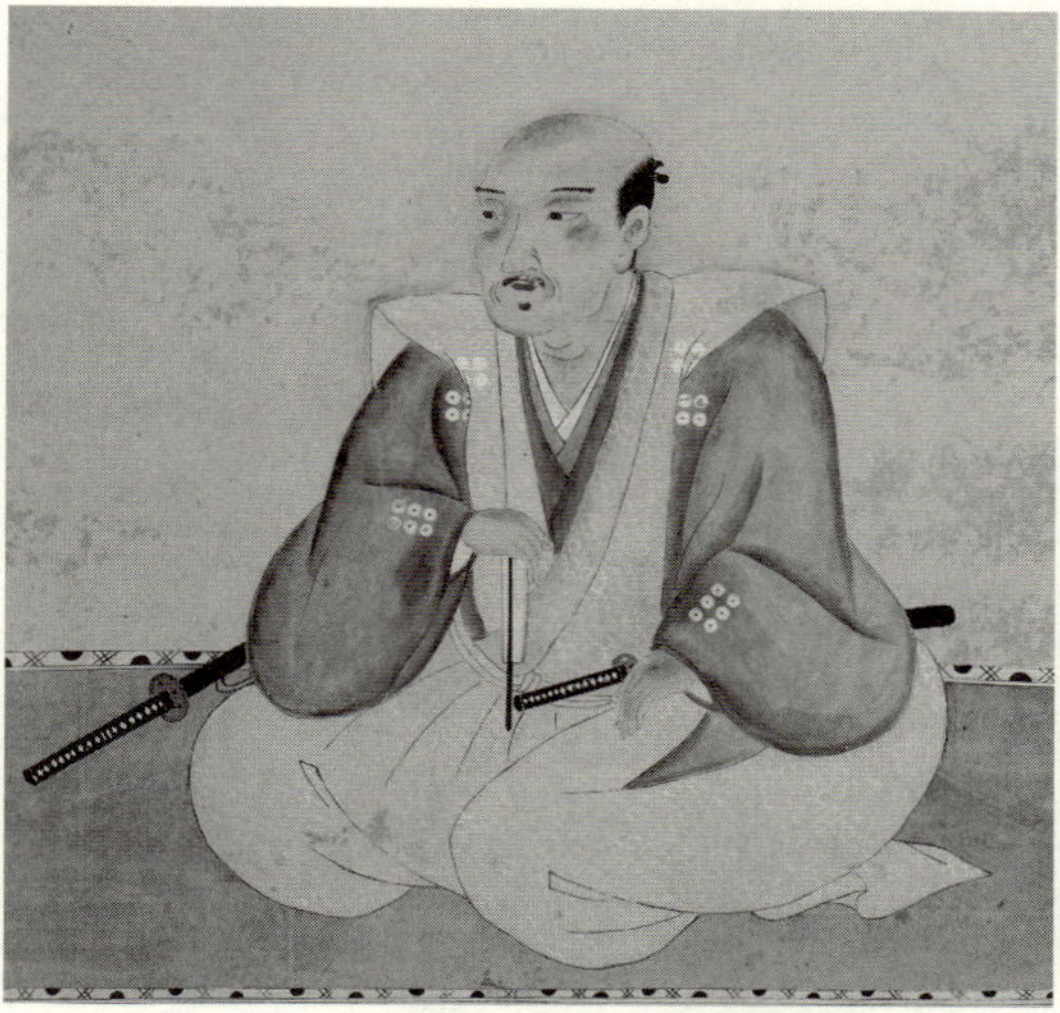

上田市立博物館所蔵

勝ち目のない大坂の陣に臨み、その奮闘ぶりと散り際の美学を示して歴史に名を残した真田信繁（幸村）。現代語訳版が『新装版 真田三代記』（土橋治重・PHP 文庫）で読むことができる

う伝承があり、現在も頴娃町牧之内の雪丸地区には幸村が眠るとされる墓石が残されている。さらに鹿児島市の谷山地区には、秀頼の墓と伝えられる宝塔が現存している。

『真田三代記』では、「薩摩落ち」以外にも、幸村が自身の影武者を用いたり、地雷を仕掛けたりして徳川方を翻弄する様が華々しく描かれ、また猿飛佐助以外の、三好《みよし》青海《せいかい》・伊佐《いさ》入道《にゅうどう》兄弟や由利《ゆり》鎌之助《かまのすけ》など、後に「真田十勇士」と呼ばれるメンバーの原型も登場している。彼らの活躍もまた、現在の幸村人気に多大な影響を与えることになったのだ。

◉山田仁左衛門渡唐録《やまだにざえもんとうろく》

著作者 柴山柳陰子

成立年代 江戸時代

[概略] シャムの王となった稀代の漂流王伝記

江戸時代初期にはまだ鎖国が完成しておらず、「朱印船《しゅいんせん》」と呼ばれる貿易船が、日本と東南アジアを行き来していた。そうした貿易船に乗って出国し、シャム（現タイ）で立身出世したとされるのが山田長政《ながまさ》。シャムのアユタヤ王朝において日本人町の頭領になり、やがて南部の州、リゴールの王となったと伝えられる。

ただ、長政は実在しなかったという説もある。その理由は、長政について詳しく述べた史料がほとんど存在しないからだ。そこで、実在の裏付けとして引き合いに出されるのが、『山田仁左衛門渡唐録』である。

この書には、長政の出自やどのような経緯で日本を出国したか、またシャムではいかにして出世を果たしたか、様々な方面から伝え聞いた話が記されている。作者は駿《する》河国《がのくに》（現静岡県）の住人である柴山柳陰子《りゅういんし》とも、柳陰子の談を誰かが筆記したものともいわれるが定かではない。

『山田仁左衛門渡唐録』によると、長政は尾張国の出身で、織田信長の子孫であると自称していた。流浪して駿河に流れ落ち、仕事に就くでもなく仕官をするでもなく、「すこぶる任侠にして兵術を談ずることを好む」性格だったという。

元和《げんわ》（一六一五年～二四年）のはじめ、商家の滝某と太田某が台湾へ渡るのを聞き、長政もその船に乗り込む。渡航後、そのまま台湾に残るという長政の申し出を聞き、滝と太田は帰国。やがて寛永《かんえい》（一六二四年～四四年）になり、二人が再び台湾に渡るとシャムから使いがあり、入国する旨を告げられる。滝と太田がシャムに行ってみると、リゴールの王となった長政が出迎えた。長政は台湾からシャムに入り、現地にいた日本人を束ねて軍隊を結成。幾度となく軍功を立てたため、アユタヤ王から賞され、その王女を娶《めと》ったのだ。

なお、長政はリゴールの隣国であるパタニ軍との戦闘中、負傷を負い、侍医が薬に毒を混ぜて塗ったため、命を落としたといわれている。侍医に暗殺を命じたのは、長政がこれ以上権力を持つことを恐れたアユタヤ王朝の宰相だとされているが、この書にはそのような記述はない（宰相が長政を暗殺したという説の出処に関しては、本書監修者・原田実の『トンデモ偽史の世界』に詳しい）。

【解題】鎖国下の日本人に夢を与えた「禁書」

『山田仁左衛門渡唐録』は鎖国制度の固まった元禄年間（一六八八年〜一七〇四年）に著されたため、「漂流記」として禁書扱いとなったとされる。したがって、世間に広まる間に、様々な脚色がなされた可能性が高い。

だが、事実とリンクしているエピソードもある。シャムにいる長政のもとに日本人の商客が訪れた際、彼は駿府にある浅間《せんげん》神社（現在は静岡浅間神社）を敬拝していることを伝え、「軍功を成したいから戦艦を描いた絵馬を奉納したい」と申し出た。この「戦艦図絵馬」が実際に神社に伝わっているのだ。ただし、一七八八年の火災で焼失し、現在残されているのは模写である。

また、この書には長政の知略に満ちた闘いぶりも紹介されている。当時、シャムでは争いが起こると、人より前に象を闘わせる習慣があった。長政はその際、「日本から連れてきた神象」として、額に二つの角、背中には大きな翼の生えた象を登場させ

富士山かぐや姫ミュージアム所蔵

1626年に山田長政が浅間神社に奉納したとされる戦艦図絵馬。船首と舷側に大砲を備え、船上には甲冑を身に着けた兵が乗っている（図版は『山田仁左衛門尉長政の図』より）

たという。リゴールの前王はその話を聞いて大いに恐れ、無血開城した。

　このように、『山田仁左衛門渡唐録』によってクローズアップされた山田長政の存在は、鎖国下の日本人の憧れとなり、明治時代以降は海外で偉功を成し遂げた英雄として教科書にも登場するようになった。

　さらに、謎めいた生涯が作家の想像力を掻き立てるのか、山岡荘八や遠藤周作が歴史小説の題材としている。なお、現在でも静岡市では毎年一〇月にタイの文化を紹介する「長政まつり」が開催され、日タイ友好の掛け橋となっている。

◉蝦《え》夷《ぞ》一《いっ》揆《き》興《こう》廃《はい》記《き》

著作者 水野金蔵？

成立年代 江戸時代

［概略］アイヌの首長シャクシャインによる反乱の記録

一六六九～七二年にかけて蝦夷地に起こった一揆「シャクシャインの戦い」。これは、蝦夷の統治が認められていた松前藩と先住民であるアイヌ民族の争いであり、結果は松前藩が圧倒的な勝利を得た。

だが、当時の日本にとって異国同然であった蝦夷地での争いは、幕府の要人をはじめ、諸大名の関心を集めた。また、この争いは今でいう「貿易摩擦」が原因で起こったことから、武家だけでなく商人の関心も高かった。ゆえに多くの史料が残っていて、その中でも奇書とされるのが、戦闘の記録書である『蝦夷一揆興廃記』（以下『興廃記』）である。

この書は全六巻からなり、一巻では蝦夷地の概要や松前藩とアイヌの商取引について、二巻ではアイヌの生活や特産物、アイヌ語、松前藩の家系などが大まかに述べられている。また、一揆の首謀者であるシャクシャインとその娘の人柄や、彼の部下でもあり婿でもあった庄太夫《しょうだゆう》についても記述されている。

そして、これ以降は一揆の始終が講釈調で語られる。シャクシャインとオニビシなるアイヌ人同士の抗争に始まり、シャクシャインが蜂起して松前藩の家臣や商人を殺害するまでを記した三巻。一揆の報が徳川幕府にもたらされた後、松前藩が大軍を率いてアイヌ軍に対抗する様やシャクシャインの籠城戦などが描かれる四巻。そして、しだいに追い詰められたシャクシャインの砦に「怪奇現象」が発生し、降伏を考え始めた彼のもとへ松前藩の指揮官・佐藤権左衛門《ごんざえもん》より、和睦を促す使者が来る五巻。ところが、和解は権左衛門の謀略であり、最後はシャクシャインがだまし討ちに遭い、大将を失ったアイヌ軍が鎮圧される様子が六巻に描かれる。

[解題]『蝦夷談筆記《えぞだんひっき》』をベースに脚色された英雄譚

『興廃記』は、一七一〇年に思想家で兵学者の松宮観山《かんざん》が、シャクシャインの蜂起を知るアイヌ語通訳・勘右衛門《かんえもん》老人からの聞き書きをまとめた『蝦夷談筆記』をベースにしており、生活文化や特産物などアイヌの紹介から始まり、蜂起から終結にいたるまでの経緯など、全体の構成に変わりはない。

だが『興廃記』は、『蝦夷談筆記』の二倍のボリュームがある。つまり、多くの脚色がなされているわけだ。

例えば、両作品ともアイヌ人の身体的特徴を紹介しているが、『蝦夷談筆記』では「髪が赤い」「唇の周りに入れ墨」といった客観的な紹介に留めているのに対し、『興廃記』では「背丈は五~九尺（約一・五メートルから二・七メートル）」と続ける。シャクシャインの容貌については、『蝦夷談筆記』が「背が高く、骨太く、力が強い」と紹介しているのに対し、『興廃記』では「四~五人でも動かせなかった大石を一人で持って城を築いた」と加えている。

また、『蝦夷談筆記』では一揆の原因について詳しく述べられていないが、『興廃記』ではシャクシャインの婿、庄太夫が義父をたぶらかしたことになっている。さらに、籠城戦末期において「城の堀に何万もの魚が湧き出た」「女の首が笑いながら徘徊した」などの怪奇現象が起こったという記述は『蝦夷談筆記』にない。

そもそも一揆は、毛皮や魚介類で和人（本土日本人）と交易するアイヌと、その交

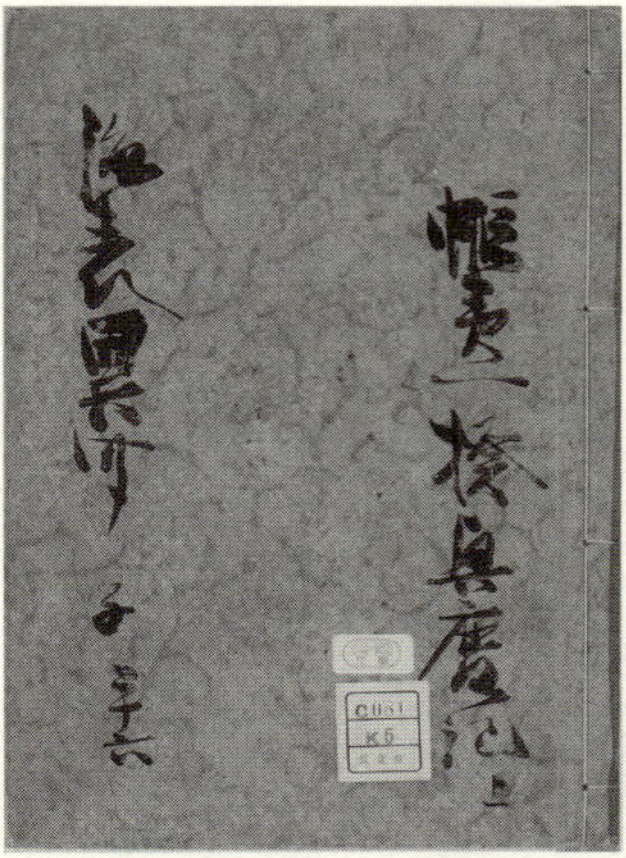

同志社大学図書館所蔵

右は北海道日高郡新ひだか町の真歌公園に建立されているシャクシャイン像。
左は水野金蔵著作の『海表異聞 蝦夷一揆興廢記 上』の書影

易権を独占した松前藩との確執が原因とされる。松前藩は取引レートを有利に設定し、さらに漁業権や居住権も侵害した。これらにアイヌ人が反発して蜂起となったのだが、交易の途絶や紛争の長期化よって幕府からの処分を恐れた松前藩は和睦を申し出て、和議の席上でシャクシャインを謀殺したのである。

『興廃記』は、『忠臣蔵』のように万人受けする様々な脚色がなされた結果、史実から形を変えていったとも考えられている。つまり、お上に対抗したシャクシャインは悲劇のヒーローとして、「判官びいき」に惹かれる江戸庶民の心を捉えたのだ。

◉元禄《げんろく》世間《せけん》咄《ばなし》風聞《ふうぶん》集《しゅう》

著作者 不明

成立年代 江戸時代（元禄年間以降）

［概略］元禄時代の街談巷説を詰め込んだ貴重な裏面史

一六九四年から一七〇三年にかけて江戸の世間話、つまり当時話題になった噂話などを書き留めた一冊が『元禄世間咄風聞集』である。その内容は朝廷官吏の醜聞《しゅうぶん》や「谷中《やなか》の坊主、吉原で盗み」などの不祥事、「関東者と西国者が頭の優劣を巡り喧嘩《けんか》」といった武士同士のトラブル、さらに武家が起こした下女との不始末、つまりは不倫騒動など、一風変わった記事が満載された「元禄時代のスキャンダル誌」といってもいい書物だ。

スキャンダルやゴシップだけでなく、「某家で三つ子が誕生」「三代将軍徳川家光が武士の大食いを上覧」など、他愛のない話も収録。ちなみに大食いの件では、柿を一〇〇個丸飲みした武士を見て、家光が「種ぐらい出したらどうだと呆れた」というエピソードが残されている。

このように、この本では事の大小を問わず、噂の対象となった出来事が記され、その項目数も実に三〇〇近く存在する。また時代は、「犬公方《いぬくぼう》」と呼ばれた五代将軍綱吉の治世であったため、「犬を斬り、磔《はりつけ》に」「死犬の処理」など「生類憐《しょうるいあわれ》みの令」に関連する話題も多い。

一方、訓話や武家の心得となるような題材はほとんどなく、作者の関心はもっぱら「柩《ひつぎ》に落雷、遺体が消える」や「遺精（夢精）に悩む男」といった怪事や珍事に向けられている。さらに「酒樽を化物と間違えて斬った武士」のように、武勇を誇る戦国時代から時代を経て、町人文化が花開いた元禄期の世相が如実に現れているのも、この書物の特色だ。

【解題】江戸時代の人々の息遣いが聞こえる大衆の記録

『元禄世間咄風聞集』の作者は、特定されていないが、武家の家臣であったと推測されている。作者の仕える主君が話好きであったようで、話題に事欠かないよう、屋敷に訪問した人間の話を聞き集め、また他家で聞いた話を記録するなどして献上。それが風聞集の成立事情とされている。

題名に「風聞」とあるように、又聞きなども多分に含まれていることから、内容の信憑性については心もとない。また公式な記録となる前の段階で、書き留められている話も多いので、各事件に対しても客観的な評価がなされているとは言い難い。逆にいえば、この書物を通じて事件直後の人々の率直な反応や、世間の声に直に触れることができるという指摘もある。

それが如実に分かるのが、一七〇一年に起こった吉良《きら》上野介《こうずけのすけ》義央《よしなか》に対する浅野《あさの》内匠《たくみの》頭《かみ》長矩《ながのり》の刃傷沙汰《にんじょうざた》、いわゆる「松の廊下刀傷事件」の描かれ方だ。『忠臣蔵』では非業の死を遂げた主君として、同情的に描かれている内匠頭だが、この本では「分別も、あさのたくみ」、すなわち「浅野内匠」を「浅い巧み」と引っ掛けるなど、思慮の足りない人物として揶揄しているのだ。ちなみに浅野家に関連する話題では、囲碁を打っていた家来衆が「待った、待たない」の口論を起こし、斬り合いを起こす騒動も紹介されている。

また、この本は事件だけでなく、奇談や笑話なども収集されている。ある地で、人骨を見つけた男が骨を弔ったところ、夜中に美女が男のもとを訪問。美女の正体は骨

都立中央図書館特別文庫室所蔵

『元禄世間咄風聞集』では、松の廊下の刃傷沙汰を「ケンカ両成敗」と捉え、庶民感情として吉良上野介の処分は甘いとも記されてる。図版は歌川国貞（豊国三世）による『忠雄義臣録 第三』

の主で、供養の礼にと情交を結ぶ。その様子を羨《うらや》んだ近隣の男が、同じ場所で骨を見つけて弔う。すると夜中に訪れたのは、むくつけし大男で、「お礼として男色を奉《たてまつ》る」。これは今でも演じられる落語『野ざらし』の原話だ。

　現在残されている江戸時代の記録文書は、公的な記録や、社会的影響の大きい事件のみを扱って編纂されたものが多く、そのもととなった雑記類の大半は歴史の中に葬り去られているだろう。それゆえ、風聞とはいうものの、この本は、江戸・元禄期を生きた人々の息遣いが聞こえてくる貴重な大衆史資料ということができるだろう。

◉中山夢物語《なかやまゆめものがたり》

著作者　**不明**

成立年代　江戸時代（一八〇五年以前）

【概略】将軍家光が恐れをなして逃げた大納言・中山卿の大喝

三代将軍徳川家光は、江戸城の鬼門（北面）を護る寺を建て、「東叡山《とうえいざん》」という名を付けるため、朝廷に勅許《ちょっきょ》（天皇の許可）を取り付けようとする。しかし、京都を護持する「比叡山延暦寺《えんりゃくじ》」を真似たものとして、朝廷から「関東を王城同様ニ心得、朝庭（廷）を恐《おそれ》ずなひ《い》がしろにせし申条《もうし》」と拒否される。

だが、家光は、「知恵伊豆《ちえいず》」こと老中の松平信綱《のぶつな》の発案によって、関白・鷹司《たかつかさ》に賄《わい》賂《ろ》を贈り、何とか勅許を手に入れ、「東叡山寛永寺円頓院《かんえいじえんどんいん》」の建立を果たした。そして、その見返りとして、娘を天皇の女御《にょうご》として入内《じゅだい》させ、天皇は外戚となった家光に「太上《だいじょう》天皇」（上皇）の尊号《そんごう》を賜った。

天皇もまた、自身の父親に「閑院宮一品親王《かんいんのみやいっぽんしんのう》」の尊号を贈りたいという願いがあり、幕府に同意を求める。だが、幕府は天皇の求めに回答せず、これに激怒し江戸に乗り込んだのが中山卿こと中山元親《もとちか》だった。

江戸城に赴いた元親は、居並ぶ大名を尻目に、家光が簾《すだれ》の中に臨席する「翠簾出《すいれんのしゅつ》御《ぎょ》」の前に立ちはだかる。そんな元親に、「政所《まんどころ》につきご着席を」と促したのが月番だった老中の松平和泉守《いずみのかみ》である。元親は和泉守の言葉尻を捉え、簾の向こうの家光を睨みつけながら、「そもそも政所というのは、一天万乗《いってんばんじょう》の天子（天皇）が紫宸殿《ししんでん》にて南向きに座し、天子が総《すべ》ての政治をお訊ねになる場所をいうのです」と告げ、「翠簾の内に御座《ぎょざ》を設けて天子を真似、この場を政所と呼ぶのも朝廷への反逆行為ではないか」と和泉守を追及する。これに和泉守はいたたまれなくなって逃げ出してしまう。

続いて執権の松平越中守《えっちゅうのかみ》が説き伏せにかかったものの、元親は東叡山の山号欲しさに賄賂を働いた一件を暴露。加えて天皇の綸旨《りんじ》（勅旨を記した書面）を示し、「御綸旨なるぞ、越中下がれ退《すさ》れ」と大喝する。その声に越中守は次の間に逃げ出し、簾の中の家光も、御綸旨と聞いて逃げ出す始末。「簾の中には、おしとね（敷物）と机、たばこ盆だけが残っていました」という状態だった。こうして元親は幕府に尊号宣下《せんげ》を認めさせ、意気揚々と江戸城を去って行った。

［解題］公家の願望？「尊号事件」をモチーフにしたフィクション

これらを記した『中山夢物語』はフィクションであるが、同じような事件が実際に起きている。それが一七八九年の「尊号事件（尊号一件）」だ。

一九歳の光格《こうかく》天皇は、父親である閑院宮典仁《すけひと》親王へ、太上天皇の宣下の許諾を幕府にはかった。しかし、太上天皇は退位した天皇に対する称号なので、皇位になかった典仁親王に贈ることは、皇族や公家に対する法令「禁中《きんちゅう》並《ならびに》公家諸法度《くげしょはっと》」に反する。とはいえ、父親が諸大臣以下の扱いしか受けられないことを、天皇は耐えがたかった。にもかかわらず、老中首座の松平定信《さだのぶ》は断固として認めない。

そこで朝廷では、一七九二年に幕府の許可なく宣下を強行しようとする。この動きに対して幕府は、強行すれば関係した公家を罰し、典仁親王にも尊号を辞退してもらうと迫る。そして、この問題に深くかかわった二人の公家を江戸に召喚。江戸城で幕府と渡り合ったのが元権大納言の中山愛親《なるちか》だった。

つまり、元親のモデルは愛親であり、時代や登場人物こそ違えど、『中山夢物語』は尊号事件をモチーフにしている。家光ではないが、先代の秀忠が娘の和子《まさこ》を御水尾《ごみずお》

国立国会図書館所蔵

タイトルは違うが、1888年10月に出版された『寛政夢物語』（鶴声社）より、江戸城に赴いた中山元親が松平越中守を一喝する場面を描いた挿画

天皇の女御に入内させたこと、東叡山として寛永寺が建立されたことなど、事実に即した事柄も多い。

この物語の作者も成立年代も不明だが、手がかりとなるのは静岡県佐久間町（現浜松市）の御室《みむろ》家に伝わる写本で、その末尾には「文化二年」（一八〇五年）の年号と「此本他へ一切出し間鋪《まじく》」とある。これにより、少なくともこの年号以前には成立していたのは確かだ。ちなみに、尊号事件は公家の勝利で終わるのではなく、紛糾の末に朝廷が折れ、尊号宣下を断念。愛親は一〇〇日間の閉門蟄居《ちっきょ》を命じられている。

◉南《なん》方《ぼう》録《ろく》

著作者 南坊宗啓

発見年 一六八六年〜一七〇三年

[概略] 茶聖・千利休の理念をまとめた侘茶《わびちゃ》の書

戦国時代に一世を風靡した派手な茶の湯とは対照的な、簡素簡略の「侘茶」を完成させた茶人として有名な千利休。だが、侘茶という言葉は利休本人が用いていたわけではなく、彼が没してちょうど一〇〇年後に発見された『南方録』によって、その言葉は見出されたとされる。

『南方録』は一六九〇年、福岡藩（現福岡県）家老・立花実山《じつざん》によって編纂された。もともとの著作者は、大阪堺市にある「南宗寺集雲庵《なんしゅうじしゅううんあん》」の第二世であった南坊宗啓《なんぼうそうけい》。宗啓が師である千利休からの聞き書きをまとめたものとされ、そのため『南方録』ではなく、『南坊録《なんぼうろく》』が正しいとする専門家もいる。

この『南方録』は、本録七巻に「秘伝」「追加」の二巻を加えた全九巻からなっており、第一巻『覚書』は、利休の思想が集約された最も重要な巻。第二巻『会』は利休が主催した五六の茶会を記録している。第三巻『棚』は室町時代の茶人、村田珠光《じゅこう》が作り出した四畳半茶室とその変遷や置棚の飾りについて。第四巻『書院』は、室町時代の美術書『君台観左右帳記《くんだいかんそうちょうき》』に連なる書院飾りを図説する。

第五巻『台子《だいす》』は、茶道の点前《てまえ》に用いる道具を飾る棚「台子」について述べられ、第六巻『墨引』は、利休が「他見無用」として宗啓に焼却を命じた「秘伝」が綴られている。ちなみに第六巻のタイトルは、墨を引いて内容を消去したことから、「墨引」という題名が付けられたとされる。

第七巻『滅後』は、利休の没後に宗啓が回想した内容について、そして第八巻『秘伝』は本録七巻における「秘伝」の九カ条を実山が別冊に編んだもの。第九巻は本録のこぼれ話を収録している。

第一巻の冒頭では、「茶の湯は仏の教えを体して修行を続け、悟りを開くこと」「家座敷を豪華にしたり、食べるのを楽しみにするのは俗世間のこと」「自分で水をくみ、茶を点《た》て、仏にそなえ、他人にほどこしてから自分が飲むのが茶の湯である」などと語られ、これさえ読めば、侘茶の根本精神は概《おおむ》ね理解できるようになっている。

[解題] 編者・立花実山の暗殺と『南方録』発掘をめぐる謎

この『南方録』だが、偽書だという説がある。その根拠として、利休が没してちょうど一〇〇周年にあたる年に発掘されたのは、偶然では片付けられないというのだ。実山は『南方録』が発掘された経緯を、自著『岐路弁疑《きろべんぎ》』や『滅後《めつご》』の奥書《おくがき》で語っている。それによると、一六八六年の秋、実山が藩主・黒田光之《みつゆき》に従って江戸へ参勤する途中、京都から「利休秘伝の茶書五巻を所持しているが興味はないか?」との書状が届いたというのだ。

さらに、一七〇三年には江戸で、「南方の子孫で納屋宗雪《なやそうせつ》という男が秘伝二巻を所持している」と伝え聞いたという。これを書写したのが、「墨引」と「滅後」であり、七巻全てが整ったことになる。

書写なら原本があるはずだが、南坊による書は見つかっていない。また、実山が手に入れたという書写本も残っていない。そもそも南坊宗啓は利休の三回忌の折に行方不明になったとされているし、その子孫である納屋宗雪に関しては、実在しなかったという説が強い。以上の理由から、『南方録』は実山の創作だとする見方もある。

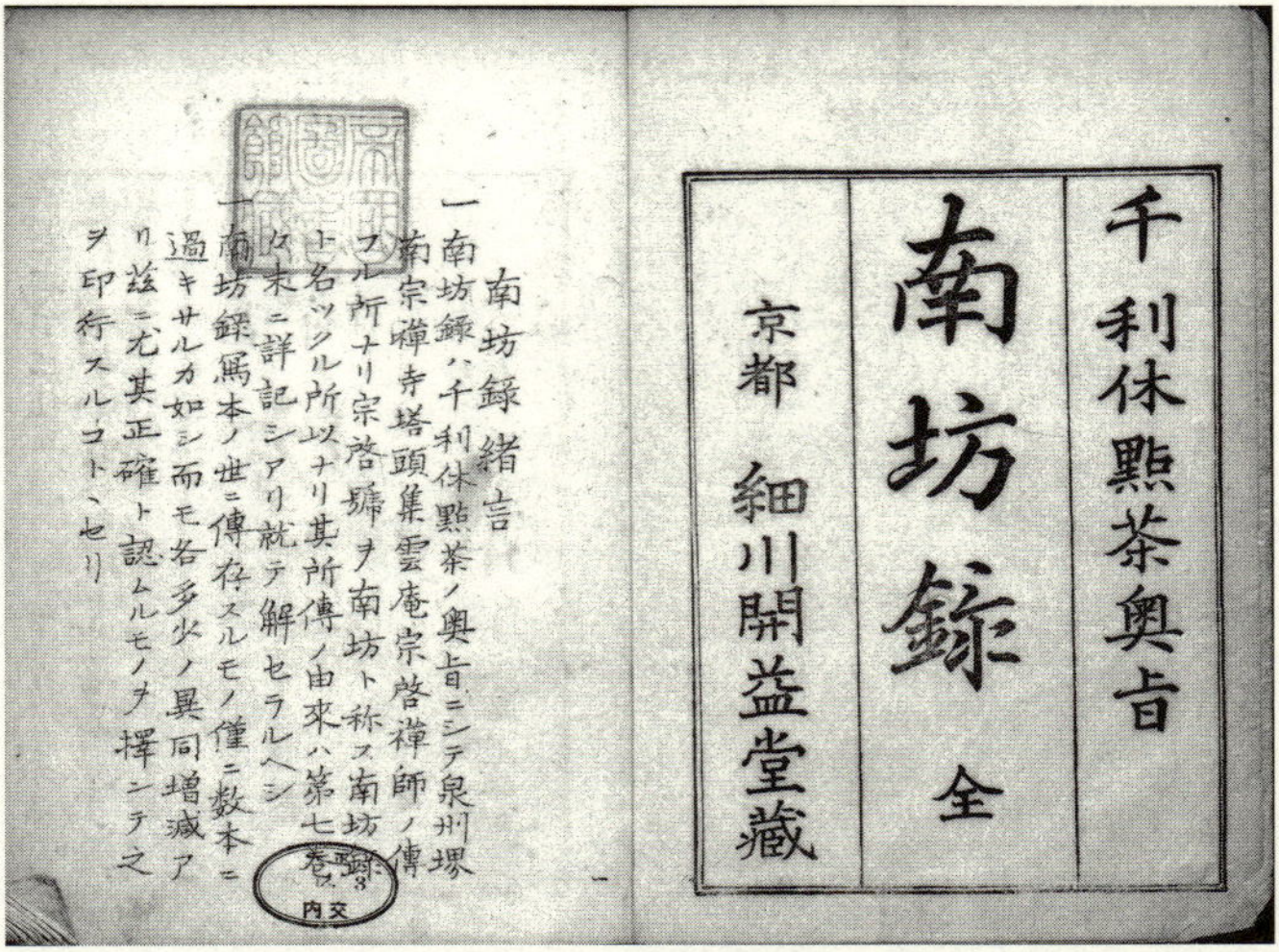
千利休點茶奥旨
南坊錄　全
京都　細川開益堂藏

南坊錄緒言
一南坊錄ハ千利休點茶ノ奥旨ニシテ泉州堺南宗禪寺塔頭集雲庵宗啓禪師ノ傳フル所ナリ宗啓號ヲ南坊ト称ス南坊錄ト名ツクル所以ナリ其所傳ノ由來ハ第七巻ノ末ニ詳記シアリ就テ解セラルヘシ
一南坊錄寫本ノ世ニ傳存スルモノ僅ニ數本ニ過キサルカ如シ而モ各多少ノ異同増減アリ茲ニ尤其正確ト認ムルモノヲ擇ニテ之ヲ印行スルコトヽセリ

国立国会図書館所蔵

1917年に智淵堂書店から出版された『南坊録 千利休点茶奥旨』の冒頭部分。現在も現代語訳版をはじめ関連書籍が複数の出版社から刊行されている

だが、実山は茶の湯に精通していなかったといわれ、詳しい茶道書が書けないことは明らかだ。つまり、茶の湯に長けた第三者が『南方録』を書き、実山を通して世に出したとする考え方もある。

光之の没後、実山は後継争いに巻き込まれ、幽閉後に殺害されている。原因は、光之の跡を継いだ綱政《つなまさ》に疎まれたからだといわれている。なお、実山は殺害される五日前まで『梵字艸《ぼんじそう》』という獄中日記をつけているが、そこには『南方録』を発見した経緯について一切書かれていない。

●column

凧揚げ合戦の起源はどこから来たのか？『浜松城記』をめぐる真偽論争

市民による市民の祭りとして春の大型連休中に開催されるのが、静岡県の「浜松まつり」だ。大型の凧揚げ合戦や夜の屋台の引き廻しが見所のこの祭りだが、その由来の正当性をめぐって紛糾し、主催者側の頭を悩ませたことがあった。

発端は一九二六年、郷土研究誌『土のいろ』に掲載された論文「浜松凧揚起源考《はままつたこあげきげんこう》」だった。この論文には、浜松城の起源や歴代の城主、そして「浜松まつり」の由来を記した『浜松城記』が紹介されていた。

それによると、永禄年間（一五五八～一五七〇年）に、当時浜松を治めていた引間《ひくま》城（浜松城の前身）主・飯尾連竜《いいおつらたつ》の長男義広《よしひろ》の誕生を祝い、郷士である佐橋甚五郎《さはしじんごろう》が、義広の名前を大書した大凧を城中で揚げたのを始まりとしている。さらに、堀尾吉晴《よしはる》、太田資次《すけつぐ》といった後の城主が凧揚げを奨励し、この風習を他所へ広めたという記述もあった。

毎年ゴールデンウィーク期間中に開催され、全国から 100 万人以上の観光客が訪れる浜松市の一大観光イベント「浜松まつり」。写真は「浜松まつり公式ウェブサイト」のトップページ

市史も採用した祭りの起源

だが、『浜松城記』は酒井真邑《しんゆう》という人物が一七三九年に記したものとなっているものの、実物を見たのは論文を提出した人物だけだった。さらに『土のいろ』に掲載されたのとほぼ同じ頃に『浜松市史』が刊行され、ここにも『浜松城記』が掲載される。

一九七一年には、当時の浜松市教育委員会が新たに『浜松市史』を編纂し、「信憑するような文献に乏しいが」としながらも祭りの起源として『浜松城記』を紹介し、観光客誘致のアピールに利用されるようになる。

だが、一九八六年から翌年にかけて、郷土史家らが『浜松城記』を疑問視した文章を発表。一九九八年には静岡大学の小和田哲男教授（当時）が検証を依頼され、「偽書の公算大」と回答し、二〇〇一年、市の中央図書館非常勤職員だった小楠和正氏が調査結果を刊行する。

調査報告によれば、「元亀《げんき》六年や延宝《えんぽう》一五年など、存在しない年号がある」「飯尾連竜には義広という子はいない」「凧揚げに関する禁令がしばしば出されているにもかかわらず、城主が自ら凧揚げを奨励・普及させている」など、『浜松城記』の信頼性を疑う指摘がされた。

伝統の祭りとなった凧揚げ合戦

これにより、『浜松城記』の内容、もしくはその存在すら信憑性が低いとの見方が大勢を占めるようになった。浜松まつり組織委員会のホームページでも、「浜松まつりの歴史」として、凧揚げの起源が書かれた『浜松城記』を「記録としては定かではない」としている。本件は、歴史検証の重要性を物語る話だが、「子どもの誕生を祝う『初凧』の伝統」はすっかりこの地に根付き、今や市民のみならず観光に訪れる人々を魅了し続けている。

第五章

まだまだある！
社会に影響を与えた奇書

偽書・奇書の中には、読み物として傑作に仕上がっている名著がある。そしてそれらは、現在伝えられている史実に疑問を持つ人、物足りないと感じる人たちにより拡散され、支持者を増やしていくのである。異界・霊界に目を向ける研究者、「正史」では語られない裏面史を追い続けた歴史家。一見トンデモと思える彼らの主張に、決して歴史は「たった一つ」ではなく、多元的で様々な視点＝面白さがあると発見させられるのだ。

◉慶《けい》安《あんの》御《お》触《ふれ》書《がき》

作成者 不明

成立年代 江戸時代

［概略］学問所の重鎮が発見した農民統制のための法文書

三二カ条にわたって農民の生活を厳しく定めた『慶安御触書』。これは慶安二（一六四九）年に発令されたことから、その名が付き、江戸期における有名な法令の一つとして、数年前までの教科書には必ず掲載されていた。

ところが近年、この触書は、徳川幕府が公布したものではなかった、という説が浮上している。それは、幕府の各役所の業務を記録した『江戸幕府日記』の慶安二年度の日誌には触書に該当する記述がなく、また将軍の命を受け老中が大名に出す「奉《ほう》書《しょ》」にも、関連文書が見当たらないことなどが理由として挙げられている。

では、触書は存在そのものが否定されているかといえば、そんなことはない。甲府藩（現山梨県）では一六九七年に『百姓《ひゃくしょう》身持之覚書《みもちのおぼえがき》』なる藩法が通達されており、これが『慶安御触書』の原型だと考えられているのだ。

この覚書は甲信地方で、奉公人を多く持ち大規模経営を行う農家を対象にした『百姓身持之事』を、一般の農民向けに改定し、成文化したものであったとされている。条数は三二で、内容も文言に若干の相違はあるものの、『慶安御触書』とほぼ一致している。だが、この時点ではあくまで一地方の通達に留まり、全国的な広がりを見せることはなかった。

一八三〇年、今度は岩村藩（現岐阜県）の藩主邸宅から、この『百姓身持之覚書』が発見される。見つけたのは岩村藩出身の儒学者・林述斎《じゅっさい》。述斎は幕府直轄の学問所である昌平坂学問所《しょうへいざかがくもんじょ》の長官を務め、徳川幕府の編纂事業を主導するなど、文書行政の中枢を担った人物だ。彼は覚書の内容に感心し、『慶安御触書』と名称を変更したうえで出版まで行う。やがて、それは各地の大名や旗本の間にも浸透し、農民統制の政策として採用されるようになったのだ。

つまり、『慶安御触書』は幕府の法令ではなく、一人の学者によって発見され、広められた文書であったといえる。では、なぜ林述斎は触書に「慶安」という名を冠したのか。

一説には、林家の祖で儒学者としても名高い林羅山《らざん》が活躍した時期が慶安であったため、といわれている。そして、述斎が当時携わっていた徳川幕府の正史『徳川実《じっ》紀《き》』に、触書を慶安二年に発令したものとして記載したのだという。それが後に、明治政府が江戸幕府の法令集として編纂した『徳川禁令考《きんれいこう》』にも引き継がれ、長年の間、幕府が公布したものとして定着するようになったのだ。

【解題】家康の名参謀・本多正信《まさのぶ》が著した農民政策の書

また『慶安御触書』と並ぶ江戸時代の農民統制の一つに、『本佐録《ほんさろく》』がある。これは徳川家康の側近・本多正信が筆者とされ、書名も彼の名に由来している。七項目からなる『本佐録』は、二代将軍秀忠に国家政道を説くために書かれたとされ、なかでも「百姓は、財の余らぬように、不足なきように治むる事」の一文は、徳川幕府の農政の在り方を象徴する言葉として知られている。だが、この『本佐録』も、正信自身の手によるものではなかったとの指摘がある。

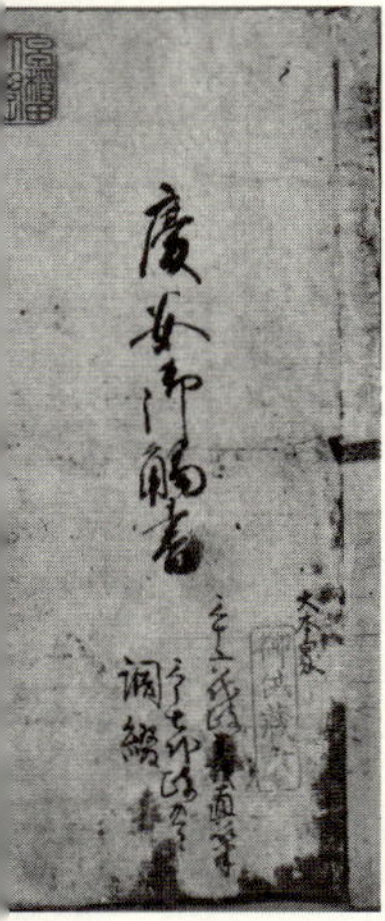
早稲田大学図書館所蔵

『本佐録』は『心学五倫書《しんがくごりんしょ》』という、

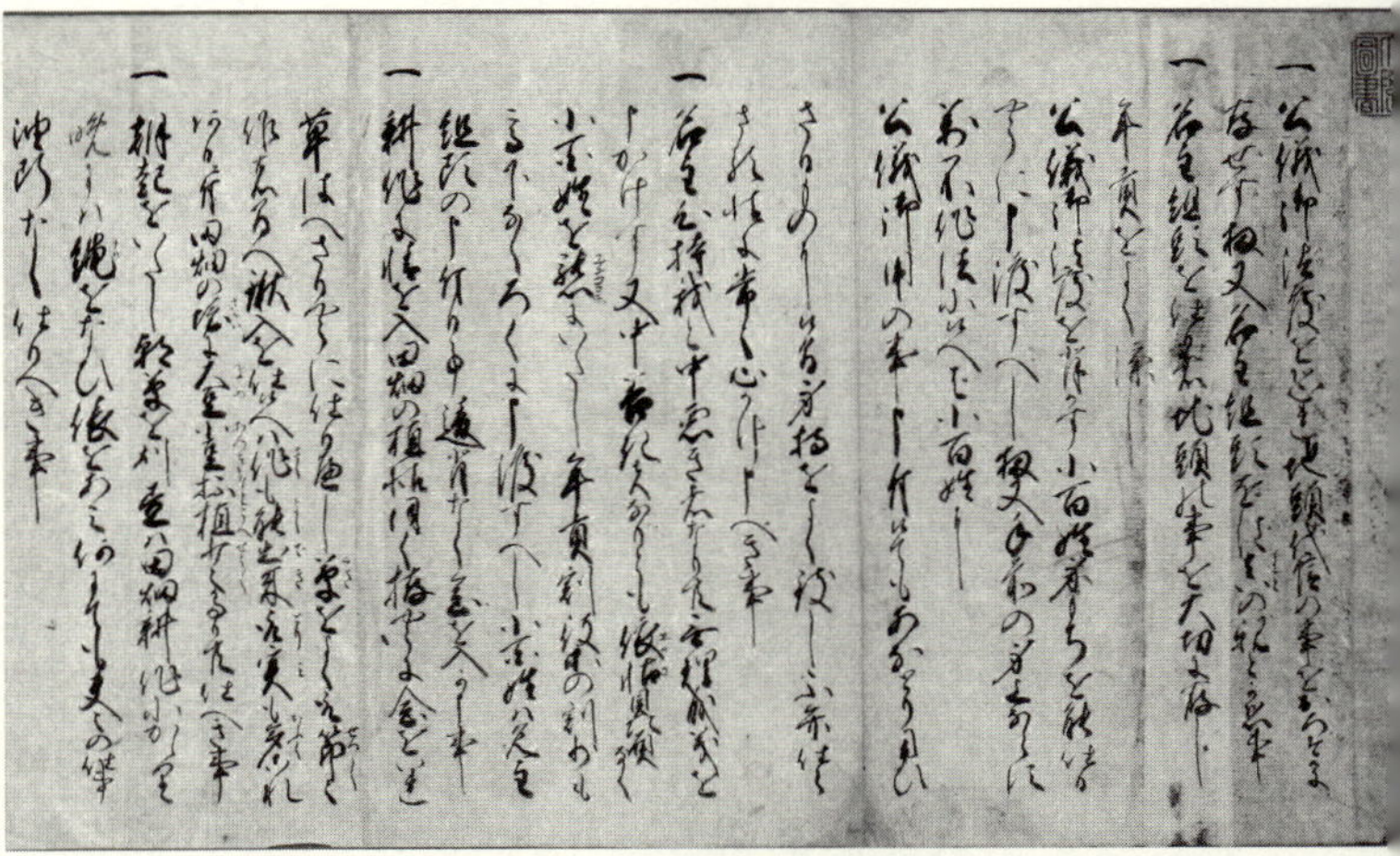

江戸幕府が農民政策のために発令したとされる『慶安御触書』（写真は 1834年・御供政義［写］）。歴史教科書ではお馴染みの「歴史用語」だったが、近年「幕令」としては記載されなくなっている

作者不詳の教訓集から引用した記述が多く、例えば第一条には「天道とは、神にもあらず、仏にもあらず。天地の間の主にして、しかも躰なし」という文章が出てくるが、これと酷似した言葉が『心学五倫書』にも見られるのである。

だが、『心学五倫書』は一六五〇年刊行であり、一六一六年に没した正信が、その内容を知ることができたとは思えない。また『本佐録』は、江戸前期の儒学者・藤原惺窩《せいか》の『仮《か》名《な》性理《せいり》』とも内容が類似しているという意見もあり、実際の作者は惺窩ではないか、とする説もある。

◉仙《せん》境《きょう》異《い》聞《ぶん》

著作者 平田篤胤

成立年代 一八二二年

［概略］日本の霊界研究のはしりとなった一冊

『仙境異聞』は、幕末屈指の国学者で思想家の平田篤胤《あつたね》が、「天狗にさらわれた」という高山寅吉という少年に、約二年もの年月をかけて聞き取りを行い、問答形式でその体験をまとめた記録である。

幼い頃から予知能力を持っていた寅吉は一八一二年、彼が七歳のとき、外で遊んでいると薬を売る奇妙な老人に会い、常陸国《ひたちのくに》（現茨城県）の岩間山へ連れ去られる。この老人こそ実は、十三天狗の総領・杉山僧正《そうしょう》であり、寅吉は八年間もの間、家族に内緒で僧正と一緒に江戸と岩間山を行き来して、祈祷の仕方、文字や護符《ごふ》の書き方、まじないの方法、医薬品の製法、種々の占法など様々なことを教わったという。ときには二人で空を飛び、海を渡って諸外国にまで赴くようになり、ついに「白石平馬」という名前を賜るまでになった。

『仙境異聞』には、寅吉の天狗修行体験のほか、篤胤の執拗なほど細かな問答により、幽界の実相、そこに住む者たちの衣食住や祭祀、さらには宗教観など多岐にわたる内容が全三巻に収められ、日本の霊界研究のはしりともいえる一冊となった。

【解題】国学四大人の一人、平田篤胤による幽界探究

平田篤胤は、荷田春満《かだのあずままろ》・賀茂真淵《かものまぶち》・本居宣長と並び国学の四大家として数えられる一人である。

彼は本居宣長没後の門人であったが、その思想は宣長とは大きく違っていた。文献から『古事記』を正確に解釈しようとする宣長に対し、篤胤は儒教や仏教を強く排斥し、日本古来の純粋な信仰を尊ぶ「復古神道」を発展させたことで有名である。

篤胤は『仙境異聞』を発表する七年前、すでに一八一三年、代表作『霊能真柱《たまのみはしら》』を刊行しているが、ここで書かれている「死後観」でもその差が出ている。宣長は「人間が死ぬと善人・悪人の区別なく汚れた黄泉《よみ》の国へ行く」と説いたが、篤胤は「死後の霊魂は幽冥界《ゆうめいかい》へ赴き、そこで審判を受け、現世に残された親類縁者を守り続ける」

たのである。

という、「死後安心論」を展開している。しかもその幽冥界は、ただ目に見えないだけであって、顕界《げんかい》（私たちが生きている世界）と同じ空間にある、と篤胤は考えていたのである。

そんな彼が霊界体験に強い関心を抱くのは当然であった。そして実際、不思議な能力を持つ人々の噂を聞くと、積極的に接触を図り、その体験談を記録していったのである。そしてその一人が寅吉だったのだ。

篤胤と寅吉の出会いは一八二〇年。何度も行方不明になっては忽然《こつぜん》と現れ、占術で異能を発揮する寅吉は当時一五歳で、世間で「天狗小僧寅吉」「仙道寅吉」と呼ばれ一大センセーションを巻き起こしていた。

寅吉は、やはり異界に関心を持っていた薬種問屋長崎屋の主人・新兵衛が自宅で開催していた「超能力会」に参加する。それを見学していた篤胤は、翌月から寅吉を自分の学舎に住み込ませ、そして『仙境異聞』の作成に向けて聞き取りを行ったのである。ちなみに寅吉は、成人後は神職に就き、天狗から伝えられた秘薬によって、多くの病人を救ったといわれている。

天狗の存在は当時、多くの学者を惹きつけるテーマだったようで、学者の新井白石

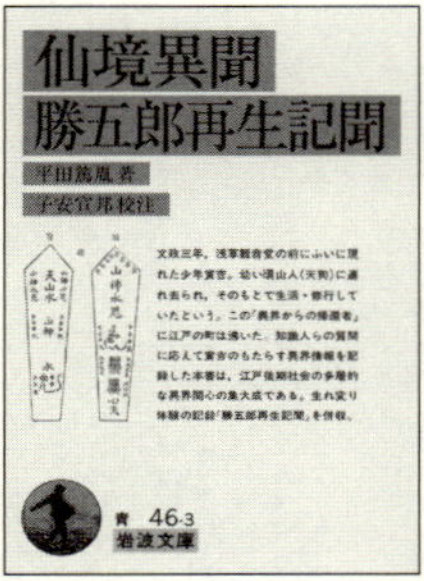

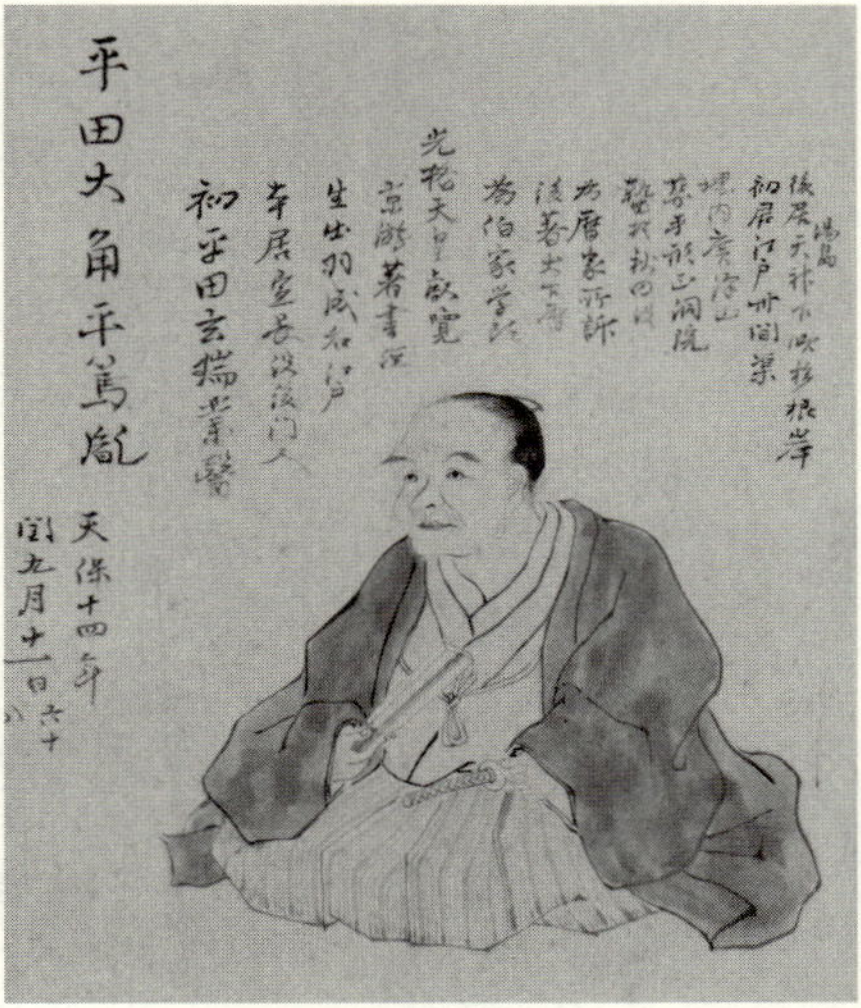

国立国会図書館所蔵

「幽顕一如」の解明に取り組んでいた平田篤胤。『仙境異聞』はその研究成果の一つだった（図版は栗原信充画『肖像集７』より）。岩波文庫から『仙境異聞・勝五郎再生記聞』が刊行されている

や儒学者で思想家の荻生《おぎゅう》徂徠《そらい》、儒学者の林羅山も研究材料として取り上げている。

　海外でも一八五〇年代から霊媒をはじめとしたスピリチュアル（心霊主義）ブームが起こるが、日本ではそれに先駆け、高名な学者たちにより霊界研究がなされていたことになる。化政文化（町人文化）と霊界研究のコラボレーションという意味でも、『仙境異聞』は興味深い記録である。

　篤胤の霊界研究には、この書のほかにも、臨死体験によって前世の記憶を取り戻した一一歳の少年の話をまとめた『勝五郎再生記聞』がある。

◉中山文庫《なかやまぶんこ》

著作者　不明

成立年代　明治時代？

［概略］生糸で財をなし幕末を駆け抜けた豪商の意外な一面

中居屋重兵衛《なかいやじゅうべえ》は商人の身でありながら、激動の幕末時代を駆け抜けた人物であった。一八二〇年、上州中居村（現群馬県嬬恋村）に生を受けた重兵衛は、本名を黒岩撰之《せんの》助《すけ》といい、二〇歳で江戸に出奔。二九歳で、日本橋に書籍や薬を扱う店を開く一方、蘭学や砲術、さらにドイツ人医師であるシーボルトに師事し医学を修めるなど勉学にも励む。また、火薬の開発事業にも手を広げたため、諸藩の武士が、大砲に用いる火薬の調合方法などの知識を求め、彼のもとを訪れたという（重兵衛は火薬製造の研究成果をまとめた『砲薬新書』という書物も出版している）。

その後、重兵衛は火薬製造で得た利益を投入し、上州で生産された生糸の輸出にも着手。一八五八年「日米修好通商条約」の締結により、日本各地の港が開かれたことに商機を見出し、翌年「中居屋」の屋号で横浜に移転する。高品質で知られる上州の生糸は外国人に好評で、重兵衛も莫大な利益を上げた。実際、当時の輸出生糸の半数は中居屋を通じたものであったとされる。前途洋々に思えた重兵衛であったが、一八六〇年に幕府から営業停止命令を受けて没落。その翌年に四二歳で病没（獄死説もある）している。

現在では、「開国の先駆者」であり横浜開港の礎を築いた傑物という評価がなされる重兵衛。だが彼の関係史料を収めた『中山文庫』によると、重兵衛には商人とはまったく別の顔が存在する。この史料では、重兵衛とその先祖は「生き神」として多くの人々から信奉されている姿が描かれているのだ。

[解題]『中山文庫』にしか登場しない重兵衛の救済活動

水戸藩（現茨城県）家老・中山備前守《びぜんのかみ》の家系に伝わったとされている『中山文庫』によれば、重兵衛の生家である黒岩家は室町時代から、「らい病（ハンセン病）」の患者を救う事業を受け継いできたという。この病は皮膚に病変を起こす症状も伴うため、患者は長らく差別にも苦しめられていた。日本では明治時代になって法律が制定され、長く強制隔離が行われていたほどだ。だが黒岩家は、医家として手厚い治療を施したため、患者からは「生祠《せいし》」（生き神）として崇敬されていた。その功績に豊臣秀吉など時の権力者や歴代天皇からも賛辞が贈られ、またハンセン病であったとされる大谷吉継《よしつぐ》も、重兵衛の先祖から治療を受けた、と記録されている。

重兵衛自身も「救らい事業」に携わり、その献身ぶりは民衆のみならず、坂本龍馬や西郷隆盛、吉田松陰など幕末期の大物から絶大な支持を受け、深い交流を持つにいたった。さらに名声は海を越え、清朝末期の一八五一年に「太平天国の乱」を起こした洪秀全《こうしゅうぜん》なども、重兵衛を讃える詩を贈ったとある。

だが、重兵衛がこれほどの偉人なら、なぜ現代にその名が広く知られていないのか。それは彼の治療実績などの史料が、『中山文庫』以外からまったくといっていいほど見受けられないためだ。

実際、ハンセン病に関する医学史にも黒岩家の名前は見当たらず、それどころか当の黒岩家にすら、治療に関わった記録が存在しないという。そのため、文書そのものが偽作された疑いが非常に強い。一説に、一代で巨万の富を手にした重兵衛が、それに飽きたらず、自身と家系に人々が畏敬の念を催すようなストーリーを作らせたとい

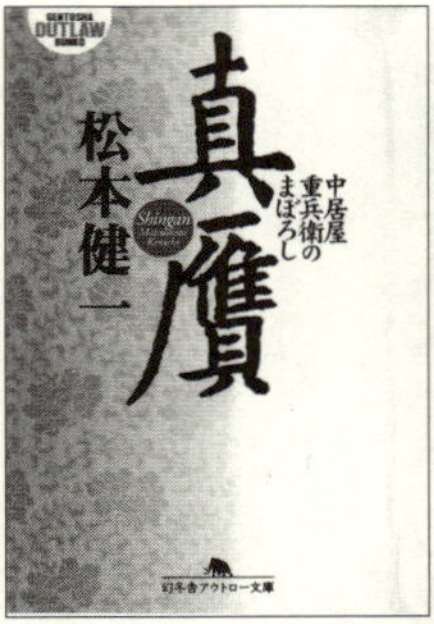

上の書影は中居屋重兵衛の生涯と『中山文庫』の偽書疑惑に迫った『真贋―中居屋重兵衛のまぼろし』（松本健一・幻冬舎アウトロー文庫）。右は神奈川県横浜市中区の関内桜通り沿いにある「中居屋重兵衛店跡」の記念碑

うが、一九九〇年代までは作成が行われていた傍証がある。『中山文庫』の信憑性については、評論家の松本健一が文書を徹底検証したノンフィクション『真贋―中居屋重兵衛のまぼろし』に詳しく描かれている。

重兵衛自身に関する資料が少ないため、その実像に触れることは難しい。だが、救済活動はさておき、生糸商人として開国の一端を担った人物であることに間違いはなく、現在、出身地である嬬恋村には、重兵衛の顕彰碑が建てられている。

◉霊《れい》界《かい》物《もの》語《がたり》

著作者 出口王仁三郎

出版年 一九二一年〜一九三四年

[概略]「大本《おおもと》」の教祖・出口王仁三郎《おにさぶろう》による神託の書

新宗教「大本」の二大教祖の一人、出口王仁三郎が口述筆記により記した全八一巻八三冊という一大長編が『霊界物語』である。物語は国祖である国常立尊が、邪神の陰謀によって地上の主宰神の地位を追放されるところから始まる。そこに現れるのが救世主スサノオで、彼が八岐大蛇を退治して国祖を復権させ「みろくの世」を成就させるまでが、時間軸も空間も全ての枠を取り払って展開されていく。

そのスケールは壮大で、『古事記』の設定を基本に、地球における全ての神々の活動と邪神たちとの「宝玉争奪合戦」の様子が描かれている。しかも神話だけに留まらず、作成当時の社会情勢や、教団の未来を暗示した数多くの予言も含まれている。

人間の「霊的成長」をテーマに、登場する人物は推定三〇〇〇人以上。また各宗派のすべてのもとは同じであるという考え方から、キリスト教、仏教、イスラム教と、あらゆる宗教的思想がちりばめられている。物語の舞台は、霊界・顕界（現実世界）、神界の三つの世界全てを含めた「大宇宙」だ。その内容は実に一二〇通りの意味を持つともいわれている。

しかも、これは王仁三郎が創作した話ではなく、彼が大本の教祖になる前の一八九八年、京都府亀岡市の高熊山《たかくまやま》で霊的修行をした際、幽界・神界に出向き目撃した出来事だという。執筆は一応、一九三四年をもって完成したとしているが、王仁三郎自身は、実は三六巻を一集として四八集、合計一七二八巻でないと、全てを書き尽くせないと語っていたという。当時の政治批判的な要素も含んでいることから、一度は全巻発禁処分、私蔵も禁じられていたこともあるが、現在では書店での購入はもとより、ネット上でも読むことができ、いまだ根強い人気を誇っている。

〔解題〕国家権力に弾圧されながら書かれた予言

王仁三郎は、第二次世界大戦前後に多く出現した霊能力者・予言者の中でも群を抜いた異端児として知られている。彼が率いる大本は教団独自の新聞を持ち、日々、教団の教えに政治批判や予言などを盛り込んで発信。その広報活動により、すさまじい勢いで信者を拡大し、警察から危険分子として目を付けられるほどの存在となった。

王仁三郎が『霊界物語』を記した一九二一年の秋は、まさに教団が当時の警察から大弾圧を受けた「第一次大本事件」の真只中であった。この事件で王仁三郎は幹部とともに不敬罪と新聞紙法違反の疑いで検挙されてしまう。ところが彼は、よりにもよって一時保釈された時期に、この壮大な物語の口述筆記を始めたのである。

まだ教団に対するおびただしい批判や圧力が続く中、王仁三郎が物語を延々と語り、教団役員から選ばれた筆録者が用紙に書き留めていった。そのスピードは平均して三日で一冊。王仁三郎と教団の排斥運動などで中断することもあったが、口述場所を転々と変えつつ『霊界物語』の筆記は猛スピードで進んだのである。

物語は、前述したように、王仁三郎が修行時代、幽界・神界で見聞した出来事が主なのだが、彼が現実世界で体験したことも盛り込まれている。例えば、特別編の『入《にゅう》蒙記《もうき》』は、王仁三郎が一九二四年、モンゴルに布教活動のため不法入国した際のエピソードである。

ところで、『霊界物語』が「予言書」としても注目されるようになったのは、関東

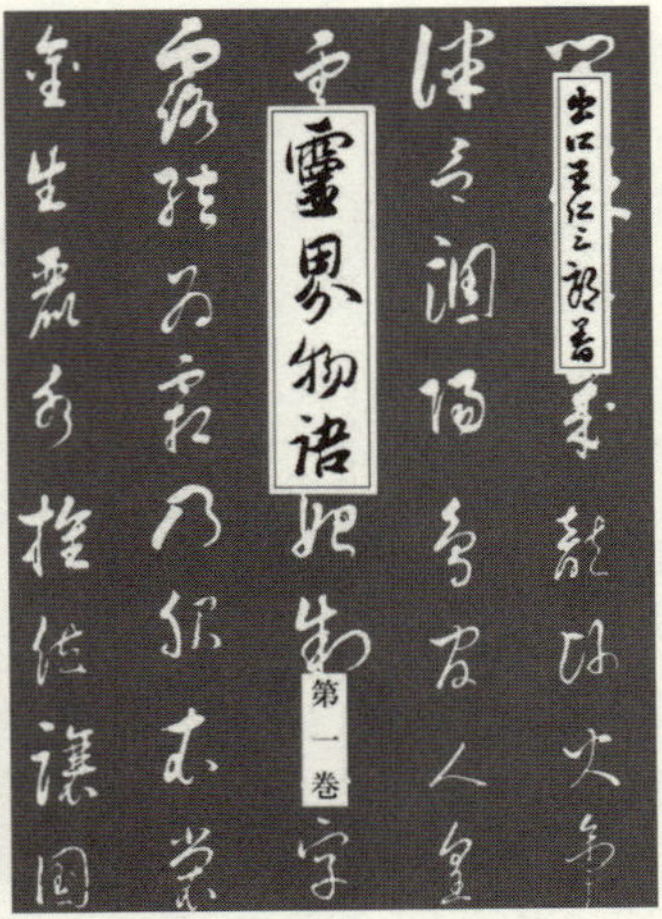

国立国会図書館所蔵

1921 年と 1935 年の二度にわたって警察から弾圧を受けた出口王仁三郎（『出口王仁三郎全集 第８巻』より）。『霊界物語』は複数の版元から出版されているが、愛善世界社から文庫サイズ（写真右）でシリーズ刊行されている

大震災（一九二三年九月一日）の予言的中だった。

第二巻第九章と第七巻第四二章に出てくる「エトナの爆発」。これが「エト＝江戸」「爆発＝大地震」というのだ。そのほかにも「しまひには、ただ一つたよりない大椀（台湾）まで逃げ出すかもしれぬぞ、何ほど琉球そに言うても、骨のない蒟蒻《こんにゃく》腰では駄目だ」と、台湾と沖縄が日本から離れるという、敗戦後の状況を予言するような記述もある。

さらに、第一五巻第二一章では「唯《ただ》指先を以て空中に七五声の文字を記せば、配達夫は直ちに配達して呉れますよ」という「空中郵便」なる通信手段が利用されているのである。これは、現代のメールの登場を予知したものだともいわれている。

人類の未来については、第一四巻八章で

「二四世紀の今日に、原始時代のような、古い頭を持っているから判らぬのだ。今日の娑婆《しゃば》を何と考えている、天国浄土の完成時代だ。中空を翔ける飛行機飛行船はすでに廃物となり、天の羽衣と云う精巧無比の機械が発明され、汽車は宙を走って一時間に五〇〇哩《マイル》という速力だ。蓮華の花は所狭きまで咲き乱れ、何ともかとも知れない黄金世界が現出して居るのだ」

とあり、ここには「黄金世界」という、非常に希望的な風景が見える場面が出てくる。つまり、世界は新しい科学技術の発達に伴い「天国浄土」のような幸せな社会が到来するのだという。

だが、その天国浄土の世界に達するまで、一度「天地のビックリ箱」が開くといい、このせいで日本列島が大隆起し、日本の人口は「三分どころか二分より残らん」と書かれている。それでも、日本は世界平和の先駆者であるから民族的には滅びないとしている。

1924年、モンゴルに極秘入国した出口王仁三郎（写真中央）はこの地で「大本王国」の建設を計画していた（『出口王仁三郎全集 第6巻』より）

なお、この『霊界物語』に通底する自民族の優等性と神による「世の中の立て直し」（国家改造）をめぐっては、研究者の間で様々な議論を呼んでいる。

王仁三郎は『霊界物語』以外でも多くの書物に予言を残し、それが太平洋戦争の敗戦や広島への原爆投下に結び付けられることで、類稀《たぐいまれ》な予知能力者として、大いに注目を浴び続けた。

ちなみに、『霊界物語』では西暦五〇〇〇年まで時節が記されている。もし仮に、この一大巨編が王仁三郎の主張通り、「地球の歴史を刻んだ記録書」であるとしたら、世界は五〇世紀まで続くということになる。終末はまだまだ当分先である。

◉日月神示《ひつくしんじ》

著作者 岡本天明

成立年代 一九四四年〜一九六一年

【概略】敗戦まで的中させた神の啓示による未来予測

一九四四年六月一〇日、神道研究家・画家である岡本天明《てんめい》の自動筆記によって記された『日月神示』は、国常立尊をはじめとする高級神霊団からの啓示だとされる。漢数字や記号の羅列で、最初は天明自身も解読できなかったが、多くの霊学研究家によって徐々に解き明かされていくこととなった。

構成は一巻から三〇巻の「本巻」、三一巻から三八巻の「五十黙示録《いせもくじろく》」、そして「補完」からなり、内容は神のお告げから未来の地球上で起こりうる大変動、さらには霊界についてなど広範囲にわたる。敗戦という言葉がタブーだった当時、東京大空襲と太平洋戦争の敗戦を言い当て、さらに、米ソ冷戦やエイズの蔓延《まんえん》など多くを的中させているという（なお、戦時中は日本の勝利を予告したという解釈もなされた）。

［解題］日本を中心に起きる「世界の建て替え」

現在でも、一部では「ノストラダムス以上」とまで評価され、研究書が後を絶たない『日月神示』。二〇一二年世界終末説の根拠に持ち出されたり、「イシヤが世界を影から操っている」というフリーメイソン（石工＝石屋）関係の記述が注目されたりしたこともある（ちなみに「フリーメイソン陰謀論」は戦前から流行していた）。

『日月神示』では地球の未来について、「三千世界の大洗濯」という物騒な言葉で示されている。「地球に蔓延した歪んだ文化や人類の多くが大災厄により淘汰されるが、それを超えてこそ平和な世界が訪れる」というものだ。しかも、その世界平和の中心になるのが日本であるという（当初、その時期は一九四八年前後とされていた）。

これを記した天明は、もともと「大本」の信者であり、『日月神示』にも教団の影響や教祖である出口王仁三郎の予言と共通する部分が多く見られる。そのことから、王仁三郎の『霊界物語』と関連付けられることもある。だが、王仁三郎は、自分ともう一人の大本教祖・出口なお以外の自動筆記を神の啓示と認めず、『日月神示』は読むことすらしなかったといわれている。

◉サンカ社会《しゃかい》の研究《けんきゅう》

著作者 三角寛

出版年 一九六五年

［概略］漂白民「サンカ」の実態を詳細に記した学術書

「一家族を挙げて終始漂泊的生活を為すものは今日別に一種族あり。多くの地方にては之《これ》をサンカと称す。サンカの語にも亦《また》色々の宛字《あてじ》ありて本義不明なり」

日本民俗学の創始者である柳田國男によると、サンカとはこのように定義され、かつて日本に存在したとされる漂泊民を指す。そして、ジャーナリストで小説家、文学博士号も持つ三角寛《みすみひろし》によって、このサンカについて著された研究書が『サンカ社会の研究』である。

同書は三角の博士論文である『サンカの社会』を要約したもので、一九六五年に朝日新聞社から出版された。要約版といっても本文と写真、付表を加えて三二六ページの大作である。また、同書の別冊として『サンカの社会資料編』も刊行。ここには

「三角寛撮影並解説　サンカの生態記録写真集」「全国サンカ分布図（折り込み地図）」「サンカ用語解説集」「サンカ薬用・食用植物一覧」などが所収されている。

『サンカ社会の研究』は五章で構成され、第一章「序論篇」ではサンカの定義や生態、サンカ社会の概要が述べられ、第二章「生活篇」ではサンカの生業と生活習慣。第三章「分布篇」では、北海道に東北、北陸、畿内、山陽、山陰など地域ごとに、サンカの人口が下一桁の単位まで明確に記されている。第四章「社会構造篇」では、集団や家族のしきたり、夫婦や兄弟の秩序、そして性生活にいたるまでが調べ尽くされ、第五章「戦後におけるサンカ社会の変化とその動向」では、三角が戦前・戦中を通して研究してきたサンカが戦後、一般社会に溶け込んでいった実態が簡単に（しかし数字は詳細に）紹介されている。

【解題】三角寛のサンカ研究に対する毀誉褒貶《きよほうへん》

三角は『サンカ社会の研究』の中で次のように記している。

「全く文献もないサンカ研究には、実在する彼らサンカに接着する以外に方法はない」

つまり三角の研究は、ほぼ全て取材のみで成り立っていることになる。

しかし、『サンカ社会の研究』は早い段階から信憑性に疑いが持たれていた。果たしてサンカなる民族が本当にいるのかという疑問から始まり、存在さえ疑われる民族のことを、どうして三角がこれだけ詳細に調べられたのか根拠に乏しいからである。

さらに、この書の中で最も物議を醸《かも》したのが「全国サンカ分布表」だ。

一九一〇年と一九四八年におけるサンカの人口が地域別に記され、一九四八年の調査にいたっては、男女別、そして純粋の漂泊民である「セブリ」と元漂泊民で、一般社会に溶け込んで暮らしている「トケコミ」の割合までもが詳細に記されている。「サンカの人口ならびにその分布は、国権をもってしても、その詳細を明確にすることは不可能」と、三角自身が述べているのにもかかわらずだ。

この例からも分かるように、三角の研究には創作と思わせる内容が多くある。元共同通信社記者で非定住民の生態に関する著作を多く手がける筒井功氏が、「虚構、作為の部分を一つひとつはぎ取ると何も残らない」と指摘するほどだ。また、法民俗学者の荒井貢次郎氏は、三角が「サンカ社会は鉄の掟で秘密が守られており、サンカと対話の窓口を持っているのは私だけだ」と述べたことについて、「三角氏はイタコか」

現代書館より「三角寛サンカ選集」の１冊として復刻された『サンカ社会の研究』。右は同書に所収されたセブリ生活を送るサンカの家族写真

とまで痛烈に批判している。

しかし、この書に掲載された写真で、サンカと呼ばれる人々はモデルではなく、実際に移動しながら蓑作りを生業《なりわい》としている家族である。写真の撮影には作為的な演出があり、確かに「研究書」と呼ぶのは疑問だが、多くの研究者や執筆家が『サンカ社会の研究』を援用しているのも事実だ。

『サンカ・廻游する職能民たち』を著した飯尾恭之氏の言葉を借りれば、「三角氏の書が虚構に満ちていると批判する人は大勢いても、三角氏潰しができる人はいない」というのが実情のようで、よくも悪くもサンカを語るうえで、三角寛の存在は避けて通れないのである。

◉田《た》中《なか》上《じょう》奏《そう》文《ぶん》

作成者 田中義一

作成年代 一九二七年？

［概略］中国・欧米諸国に流布された日本の世界征服計画書

どんな荒唐無稽な偽書であっても、面白おかしく読む程度なら罪はない。だが国家の歴史を歪め、国益を損なう事態をもたらしてしまえば、笑いごとでは済まない。ところが、昭和初期にはそのような偽書が存在した。それが『田中上奏文』と呼ばれる文書で、一九二七年七月二五日付で、時の首相である田中義一《ぎいち》が昭和天皇に提出した奏書という形になっている。

この文書には、日本の帝国主義の計略が記されており、文書を一躍有名にしたのが「支那（中国）を征服せんと欲せば、満蒙《まんもう》（満州・内モンゴル）を征すべし」という一文だった。さらに「世界を征服せんと欲せば、支那を征すべし」と続く一節は、日本が世界の支配をも目論んでいるという懸念を国際社会に抱かせることになった。

『田中上奏文』は一九二九年、中国の雑誌『時事月報』に翻訳版が掲載されたことで、広く知られることになる。そして語られている侵略計画に沿うように、一九三一年、関東軍の策謀により南満州鉄道が爆破される「柳条湖《りゅうじょうこ》事件」が起こり、「満州事変」の発端となる。

このように日本が中国侵攻に乗り出していることは明らかだったこともあり、『田中上奏文』の中身も実現性をもって認識されるようになったのだ。

【解題】東京裁判にも影響を与えた偽文書の効力

だが肝心の原案、つまり日本語で書かれたテキストはいまだに発見されていない。つまり天皇に上申する文書でありながら、それを読んだ日本人が存在しないのだ。また『田中上奏文』には到底本物とは思えない記述もある。例えば一九二二年、日本の中国進出を抑制する目的でアメリカ・イギリスなどが結んだ「九カ国条約」に対処すべく、日本は協議会を実施したが、『田中上奏文』では当時すでに死亡していた明治政府の元勲・山縣有朋《やまがたありとも》の名が参加者の一人として記されているのだ。

このような事実関係の誤りも多いため、日本では、『田中上奏文』は事実無根の怪文書として扱われた。だが、太平洋戦争が始まると、連合国側、とりわけアメリカは、日本軍への敵愾心《てきがいしん》を煽る材料として活用。参戦を「日本の侵略戦争から世界を守るための戦い」と位置付ける大義名分として、徹底的に利用することになる。実際、一九三一年に上海の『チャイナ・クリティック』という雑誌で英訳版が発表されるや、そのコピーが各方面にばら撒かれ、開戦翌年の一九四二年には、『日本の世界征服の夢—田中上奏文』という解説付きの訳本が刊行される。やがて、この上奏文は『タナカ・メモリアル』などとも呼ばれ、欧米諸国で流布されていった。

また、太平洋戦争終戦間際、連合国側が日本に降伏を勧告した「ポツダム宣言」では、その第六条に「世界征服の過誤を犯した勢力は永久に除去する」という旨の記載が見られ、これも『田中上奏文』を反映したものという指摘がある。

この上奏文は戦後処理にも影響をおよぼすこととなり、戦争犯罪者を裁く「極東国際軍事裁判（東京裁判）」においても、当初は『田中上奏文』の存在を前提として、審理が進められる予定であったという。戦犯には罪状の一つとして「平和に対する罪」が問われたが、それはまさに上奏文にある「世界征服の陰謀」のことだった。だが、田中首相内閣の内閣書記官長で、後に総理大臣となる鳩山一郎が上奏文の見直しを訴えた結果、ようやく偽書であることが判明する。

『田中上奏文』の作成者については諸説あるが、一九二八年に関東軍によって爆殺された奉天軍閥の総帥・張作霖《ちょうさくりん》の側近を務めた王家禎《おうかてい》が、後に自身が創作したことを認めている。この人物は慶応義塾大学にも留学経験があることから、日本の政情にも通じていたとされているが、客観的な証拠はなく真相は闇の中である。現代でも『田中上奏文』の存在を信じる人は海外に多く、とくに中国では、「南京大虐殺記念館」で文書が真書として販売されており、教科書にも記載があるという。

国立国会図書館所蔵

1944年にアメリカで公開されたプロパガンダ映画『ザ・バトル・オブ・チャイナ』で「世界征服の青写真」として登場する『田中上奏文』。左は「張作霖爆殺事件」当時、首相だった田中義一

◉江《え》戸《ど》しぐさ

作成者 不明

成立年代 江戸時代？
公開年 一九八一年

【概略】文部科学省も採用した江戸時代のマナー

「雨の日に道ですれ違うときは、お互い傘を傾けて通りましょう」
「乗り物が混雑しているときは、こぶし一つぶん腰を浮かせて横に動き、席を詰めましょう」

一見、マナーの奨励に思えるこの標語には、共通する続きがある。それは「江戸時代の人たちは、そのような心掛けをしていました」というものだ。そして、それぞれ「傘かしげ」「こぶし腰浮かせ」と呼ばれ、これらの動作は「江戸しぐさ」と名付けられた。

この江戸しぐさは、一九七四年に設立された「江戸の良さを見なおす会」の主宰者・芝《しば》三光《みつあきら》が、文献などから収集したものとされ、最初にこの言葉が世に現れたのは一九八一年八月二八日付の『読売新聞』においてである。紙面では「傘かしげ」などを、江戸時代の人々の細やかな心配りとして紹介。その後も関連書籍の刊行などで、徐々に江戸しぐさは浸透した。やがて江戸しぐさを社員研修に採り入れる企業も現れ、公共広告機構（現ACジャパン）のマナー啓発のコマーシャルにも採用されるなど、社会的に認知されるようになる。二〇〇七年には、「見なおす会」と別の団体である「NPO法人江戸しぐさ」が発足する。

当法人によると、江戸しぐさは単なる動作ではなく、江戸商人の組織「江戸講」で築き上げられた行動哲学であり、人間関係を円滑にするための知恵でもあるという。また、しぐさの数も八〇〇から八〇〇〇種類にのぼるとされている。

さらに二〇〇八年頃からは教育現場にも広がりを見せ、二〇一四年に文部科学省が配布した道徳教材『私たちの道徳』にも、江戸しぐさが、実在した商いの心得として掲載されている。

［解題］時代考証で明らかになる様々な矛盾

しかし、江戸しぐさに関する歴史的資料は一切発見されていない。その理由を法人の理事長である越川禮子《こしかわれいこ》氏は、「江戸しぐさは口伝で受け継がれ、書物として残すことが禁じられていたため」とし、さらに近年まで普及しなかったのは、江戸講のネットワークを恐れた新政府軍が、江戸っ子を虐殺（江戸っ子狩り）したことが原因であると主張。またその際、江戸しぐさを継承する人々を密かに逃がしたのが、幕臣の勝《かつ》海舟《かいしゅう》であったという。当然、これは何の裏付けもない説であり、勝海舟の史料にもそのような記述は存在しない。なにより肝心の江戸しぐさそのものが、江戸時代の実情にそぐわないという見解がある。

例えば、「傘かしげ」に関しては、和傘が江戸で普及したのは、江戸末期の一八三〇年頃であり、また和傘は贅沢品であったため、町民たちの多くが使用していたのは頭にかぶる笠や蓑であったという。それゆえ、傘を差した者同士が狭い露地ですれ違う状況自体が少なかったのではないか、と指摘されている。また「こぶし腰浮かせ」も、渡し船を例に挙げて解説が行われているが、当時の渡し船は馬なども乗せたため座席など作る余裕はなく、乗客は船の底板にしゃがむように座っていたはずで、そのため場所を開けるときは、腰を軽く浮かせるよりも、一度大きく腰を上げるほうが適切なのである。さらに江戸しぐさでは、食養生としてトマト料理やパンなどを紹介し

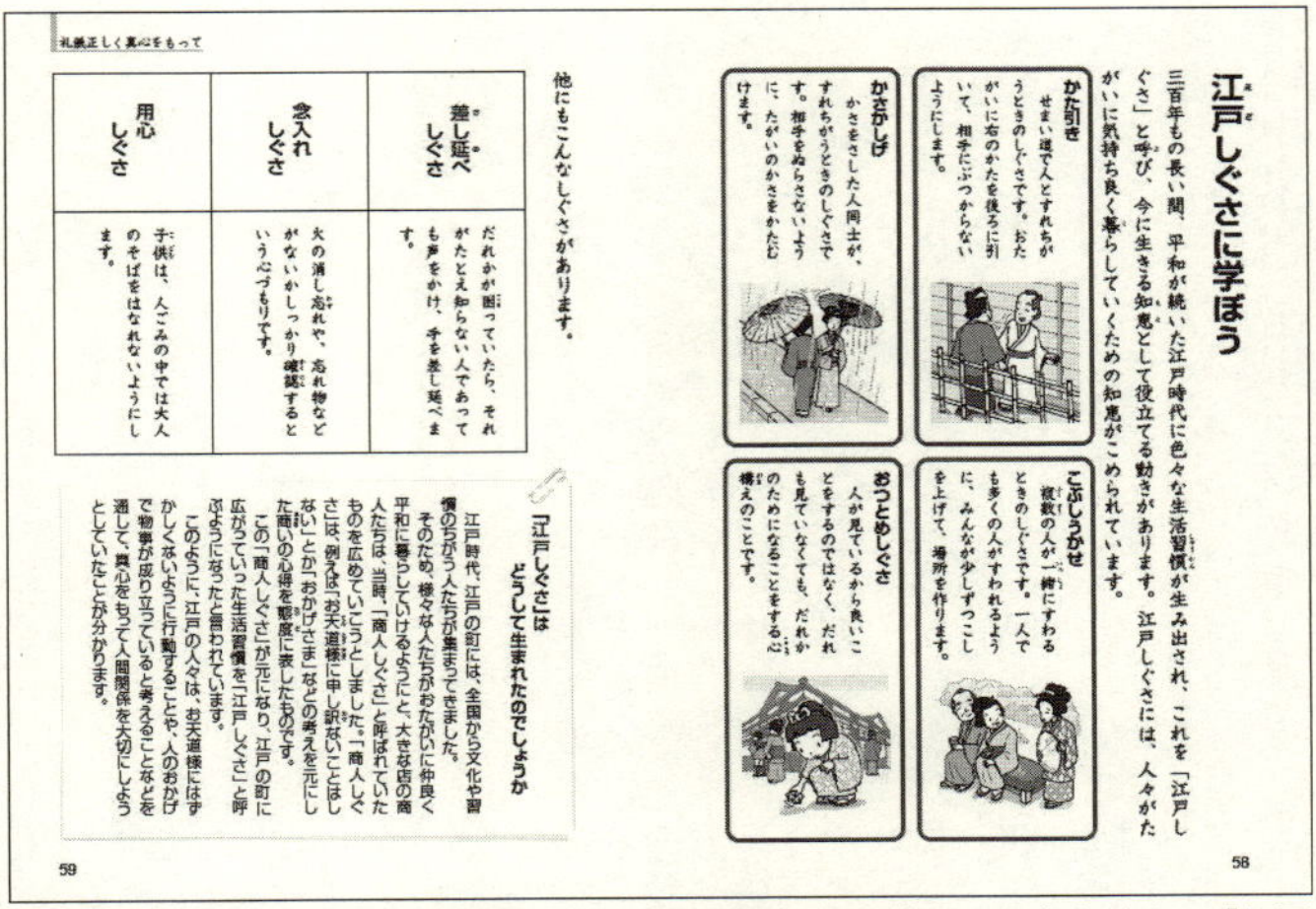

江戸しぐさに学ぼう

三百年もの長い間、平和が続いた江戸時代に色々な生活習慣が生み出され、これを「江戸しぐさ」と呼び、今に生きる知恵として役立てる動きがあります。江戸しぐさには、人々がたがいに気持ち良く暮らしていくための知恵がこめられています。

かた引き
せまい道で人とすれちがうときのしぐさです。おたがいに右のかたを後ろに引いて、相手にぶつからないようにします。

こぶしうかせ
複数の人が一緒にすわるときのしぐさです。一人でも多くの人がすわれるように、みんなが少しずつこしを上げて、場所を作ります。

かさかしげ
かさをさした人同士が、すれちがうときのしぐさです。相手をぬらさないように、たがいのかさをかたむけます。

おつとめしぐさ
人が見ているから良いことをするのではなく、だれも見ていなくても、だれかのためになることをする心構えのことです。

58

礼儀正しく真心をもって

他にもこんなしぐさがあります。

差し延べしぐさ	だれかが困っていたら、それがたとえ知らない人であっても声をかけ、手を差し延べます。
念入れしぐさ	火の消し忘れや、忘れ物などがないかしっかり確認するという心づもりです。
用心しぐさ	子供は、人ごみの中では大人のそばをはなれないようにします。

「江戸しぐさ」はどうして生まれたのでしょうか

江戸時代、江戸の町には、全国から文化や習慣のちがう人たちが集まってきました。
そのため、様々な人たちがおたがいに仲良く平和に暮らしていけるようにと、大きな店の商人たちは、当時、「商人しぐさ」と呼ばれていたものを広めていこうとしました。「商人しぐさ」は、例えば「お天道様に申し訳ないことはしない」とか「おかげさま」などの考えを元にした商いの心得を態度に表したものです。
この「商人しぐさ」が元になり、江戸の町に広がっていった生活習慣を「江戸しぐさ」と呼ぶようになったと言われています。
このように、江戸の人々は、お天道様にはずかしくないように行動することや、人のおかげで物事が成り立っていると考えることなどを通して、真心をもって人間関係を大切にしようとしていたことが分かります。

59

文部科学省が作成した道徳教材『私たちの道徳 小学校５・６年』より、「江戸しぐさに学ぼう」と題された項目

ているが、両方とも明治時代以降に広まった食材で、江戸時代の人々が口にしていたとは到底考えられない。

江戸しぐさは、実際の江戸の社会とかけ離れたものであり、専門家からも「荒唐無稽な歴史偽造」という批判がなされている。この江戸しぐさの成り立ちから虚偽性、普及のメカニズムについては、本書監修者の原田実が『江戸しぐさの正体』で徹底検証を試みている。なお、数々の虚偽を指摘された江戸しぐさだが、文部科学省では二〇一六年に行った教科書の改訂作業後も、道徳の教材に江戸しぐさの項目を残している。

◉東方見聞録《とうほうけんぶんろく》

著作者 マルコ・ポーロ

成立年代 一三〇〇年頃

[概略] 世界の探検家たちのバイブルに描かれた日本

コロンブスやヴァスコ・ダ・ガマらが、大海原に繰り出した一五世紀半ばから一七世紀半ばの「大航海時代」。そんな探検家に多大な影響を与えたのみならず、一九世紀末から二〇世紀初頭に中央アジアを探検したスヴェン・ヘディンやオーレル・スタインが片時も手放したことがなかったとされる書物が、『東方見聞録』だ。

『東方見聞録』の著者とされるのがヴェネツィア共和国の商人だったマルコ・ポーロ。彼は一二七一年から九五年の二四年間にわたり、現在のトルコ、イランからゴビ砂漠を経て中国にいたるという広大な地域をめぐり、その間に見聞したものを四冊の旅行記としてまとめている。一冊目は、ヴェネツィアを出発して中国へ到着するまでの、主に中東から中央アジアで遭遇したこと。二冊目は、元《げん》王朝と皇帝フビライ・ハンの宮廷について。三冊目がインドやスリランカ、東南アジアに日本、そしてアフリカの東海岸側などの地域。四冊目は、モンゴルの内乱とロシアなどの極北地域について記されている。これらの記録の中で、気になるのが「日本」についての内容だ。

ポーロは日本を「黄金の国ジパング」として紹介。ちなみに、この「ジパング」という名称は日本国を中国語訳した「ジーベングォ」に由来し、日本の英語名「JAPAN」の語源となっている。この『東方見聞録』によると日本は、「中国の東方一五〇〇海里《カイリ》（約二五〇〇キロメートル）離れた海上にある巨大な島で、住民の肌は白く、美しい容姿を持っている。偶像崇拝教徒であり、住民自らによって島を統治している。そして、ジパングの住民は量ることのできないほど大量の金を有していて、王の宮殿は純金で覆われている。そのうえ島の住民は宝石も大量に持っている。葬儀は火葬か土葬であり、火葬の際には死者の口に真珠を置いて弔う習慣がある」などと記述されている。

そのほか、東南アジア諸国やインドについても、当時のヨーロッパでは高額で貴重品だった香辛料などが豊富にあるとし、それゆえ探検家たちに冒険の船出を促したと考えられている。

【解題】作家と商人がタッグを組んだヒット作

しかし、『東方見聞録』の内容は誤りや誇張が多いという指摘もある。それは、先に記した日本についての内容を見ても明らかだ。

確かに日本列島は中国の東方にあり、仏教は偶像崇拝を許されている。政治は当時鎌倉幕府によって行われていたので、島民による自治という点も誤りではないし、中東や東南アジア、アフリカの人と比べると肌の色も白い。しかし、住民が大量の金や宝石を持っていた事実はないし、天皇や将軍（執権）の住まいは木造だ。一説には「平泉中尊寺《ひらいずみちゅうそんじ》」の金色堂《こんじきどう》を指すともいわれているが、誇張であるのは否めない。さらに「捕まえた敵の身代金が払われない場合、取り押さえて殺し、料理した後で食べてしまう」という人肉食の習慣にも触れていて、これは明らかに誤りである。

そもそも『東方見聞録』は、ポーロ自身による著作ではない。旅を終えて祖国に戻った彼はジェノヴァ共和国との戦争に参加し、捕虜となっている。このとき、同じく投獄されていたルスティケッロ・ダ・ピーサがポーロの話に興味を持ち、口述をまとめたのだ。ピーサは職業作家であり、ポーロも根っからの商人である。したがって、

『東方見聞録』の写本の一つ『イル・ミリオーネ（Il Milione）』に所収された挿画。タイトルの「ミリオーネ（100万)」には「誇張」ないしは「嘘」の意味も込められているという

脚色が加えられた可能性もある。さらに、実はポーロが中国に行っていないという説もある。その理由は、ポーロは元王朝のフビライ皇帝に仕え、中国全土を自由に移動できる通行証を賜り、揚州《ようしゅう》の知事にまで就任した、とされているが、元王朝の記録にポーロの名前は一切登場しない。

だが、『東方見聞録』はヒット作となり、フランス語やラテン語、英語、ポルトガル語などに翻訳されてヨーロッパ中に広まり、未知なる世界への好奇心を煽った。現在、原本は存在せず写本のみが現存しているが、それらは一三八種類も確認されているという。

●column

「官製の歴史は必ずしも真実を伝えていない」異端の歴史家・八切止夫が目指したもの

一九七〇年代のベストセラー作家であり、また、独自の史観を発信し続けた異色の歴史家でもある八切止夫《やぎりとめお》。著書の『信長殺し、光秀ではない』『徳川家康は二人いた』『上杉謙信は女人だった』『天皇アラブ渡来説』などといったタイトルから明らかなように、視点が特異であったことは一目瞭然だ。

次々と繰り出される奇抜な異説と新説

八切は太平洋戦争が終わって満州から帰還後、精力的に、自身の史観を取り入れた歴史小説や評論を刊行。なかには一〇万部以上の大ヒット作もあり、とくに一九六七年の『信長殺し、光秀ではない』（講談社）で展開された「本能寺を襲撃したのは明智光秀でなく、イエズス会宣教師が持ち込んだ爆薬で殺害された」という新説は大いに話題となった。

提供：共同通信社

「異説の大家」といわれた八切止夫。一流紙に連載を持つほどのベストセラー作家でありながら在野の歴史家に転身して執筆を続けた。自ら八切史観の入門編として『八切裏がえ史』を挙げている

だが、八切の説はあまりにも解釈の仕方が奇抜であることや、出典をほとんど明かさないことなどから、当時の学会では相手にされず、彼の著書は「歴史フィクション」の扱いを受けることになった。しかし八切は意欲的に研究・執筆を続け、晩年は「日本シェル出版」を設立。自らの著作に加えて、多くの歴史書の復刻を次々と出版し、「後世のために自由出版してください」と奥付に記し、著作権を一切放棄している。

八切史観の大きな柱となっているのが「サンカ」の存在である。彼は自らの出自がサンカであることを公表したうえで研究を続け、日本の民族の発端との関係

を調べていた。一九八七年に死去したが、二〇〇〇年代、サンカ研究家の三角寛の著作の復刊によりサンカブームが到来。『せぶり物語―わがサンカ生活体験記』『サンカの歴史―セブリ黙示録』といった八切のサンカに関する著書も再び注目を集めるようになった。

先入観に捉われることのない歴史への視点

八切史観で貫かれているのは、「官製の歴史は必ずしも真実を伝えるものではなく、権力者に都合のいい内容に改ざん・ねつ造され、弱者の歴史は淘汰される」という考えである。

だからこそ彼は、正史からこぼれ落ちた、多くの在野史家の資料を深く研究・分析した。「正しい」として教わる歴史の先入観に捉われず独自の視野で研究し、現在ではその切り口を評価する識者も多い。

教科書に載っている歴史も、時代によって変わる。八切史観に限らず、「野史」は史実でないにしても私たちの歴史的想像力を刺激してくれる。それは、本書で紹介している古史古伝や偽書・奇書も同じなのである。

【参考文献】

『浦島太郎の日本史』三舟隆之（吉川弘文館）／『歴史民俗学21号 特集 検証・八切止夫』歴史民俗学研究会（批評社）／『「古史古伝」異端の神々』原田実（ビイングネットプレス）／『トンデモ日本史の真相』原田実（文芸社）／『秋田「物部文書」伝承』進藤孝一（無明舎出版）／『偽書「東日流外三郡誌」事件』斉藤光政（新人物文庫）／『「古史古伝」と「偽書」の謎を読む』「歴史読本」編集部（新人物往来社）／『日本古代文学入門』三浦佑之（幻冬舎）／『偽史冒険世界―カルト本の百年』長山靖生（ちくま文庫）／『うつぼ舟Ⅱ観阿弥と正成』梅原猛（角川学芸出版）／『なぜ偉人たちは教科書から消えたのか』河合敦（光文社）／『日本の偽書』藤原明（文春新書）／『徹底検証 古史古伝と偽書の謎』（新人物往来社）／『偽書の精神史』佐藤弘夫（講談社選書メチエ）／『戦国「闇」の歴史』川口素生（宝島SUGOI文庫）／『真田幸村と真田丸』渡邊大門（河出書房新社）／『元禄世間咄風聞集』長谷川強 校注（岩波文庫）／『教科書も間違っていた 歴史常識のウソ』常識のウソ研究会（彩図社）／『真贋―中居屋重兵衛のまぼろし』松本健一（幻冬舎アウトロー文庫）／『江戸しぐさの正体』原田実（星海社新書）／『江戸しぐさの終焉』原田実（星海社新書）／『日本霊能者列伝』別冊宝島編集部（宝島SUGOI文庫）／『室町物語影印叢刊 天照大神本地』石川透 編（三弥井書店）／『神道体系 文学編2』神道大系編纂会 編（神道大系編纂会）／『謎の契丹古伝』佐治芳彦（徳間書店）／『権藤成卿』滝沢誠（ぺりかん社）／『渡辺京二コレクション1 維新の夢』渡辺京二（ちくま学芸文庫）／『漂泊の民サンカを追って』筒井功（現代書館）／『天理図書館善本叢書和書之部16 古楽書遺珠』天理図書館善本叢書和書之部編集委員会（天理大学出版部）／『玉造小町子壮衰書』杤尾武 校注（岩波文庫）／『いまに語りつぐ日本民話集 第3集6』野村純一・松谷みよ子 監修（作品社）／『奥浄瑠璃集―翻刻と解題』阪口弘之 編（和泉書院）／『古典文学にみる女性の生き方事典』西沢正史（国書刊行会）／『弁慶物語』（臨川書店）／『魅力の御伽草子』石川透 編（三弥井書店）／『弁慶 英雄づくりの心性史』藤原成一（法蔵館）／『山城町史 本文編』（山城町役場）／『講演・報告会 忘れられた霊場をさぐる』栗東市文化体育振興事業団 編（栗東市文化体育振興事業団）／『応仁記』志村有弘（勉誠出版）／『日野富子のすべて』吉見周子（新人物往来社）／『応仁の乱と日野富子』小林千草（中公新書）／『軍師山本勘助』笹本正治（新人物往来社）／『上杉謙信と宇佐美定満』戦国歴史研究会（PHP研究所）／日本古楽アカデミーサイト／ウェブサイト「霊界物語．ネット～出口王仁三郎 大図書館～」

監修者　**原田 実**（Minoru Harada）

1961年広島市生まれ。龍谷大学卒。歴史研究家として偽書・偽史の問題を中心に考察。『幻想の超古代史』『幻想の津軽王国』『幻想の荒覇吐秘史』（批評社）『「古史古伝」異端の神々』（ＢＮＰ）『トンデモ日本史の真相』『トンデモニセ天皇の世界』（文芸社）『トンデモ偽史の世界』（楽工社）『つくられる古代史』（新人物往来社）『江戸しぐさの正体』『江戸しぐさの終焉』（星海社）他、著書・共著・論考多数。と学会会員。ASIOS会員。

著　者　**オフィステイクオー**（Office Take-o）

2000年創業、2012年設立の大阪に拠点を置く編集プロダクション。歴史・ミリタリー・科学・オカルト・ドラマ・アイドルなど、執筆ジャンルは多岐にわたる。主な著書は『刑事ドラマ・ミステリーがよくわかる警察入門』『時代小説・時代劇がよくわかる剣術・剣豪と刀』（ともに実業之日本社）『教科書に載っていない日本軍の謎』『封印された科学実験』（ともに彩図社）『本当に人に聞けないお金の話』（宝島社）他多数。

※本書は書き下ろしオリジナルです。

じっぴコンパクト新書　308

JIPPI Compact

偽史《ぎし》と奇書《きしょ》が描《えが》くトンデモ日本史《にほんし》

2017年1月31日　初版第1刷発行

監修者……………原田 実
著　者……………オフィステイクオー
発行者……………岩野裕一
発行所……………株式会社実業之日本社
〒153-0044 東京都目黒区大橋1-5-1 クロスエアタワー8階
電話（編集）03-6809-0452
（販売）03-6809-0495
http://www.j-n.co.jp/
印刷・製本…………大日本印刷株式会社

ISBN978-4-408-11205-3（第一趣味）